4訂版
違反事例から学ぶ
危険物取扱者の免状返納命令に係る
法令の運用と適用

■危険物の貯蔵・取扱い事例から■

はじめに

　危険物取扱者免状の返納命令については、消防法第13条の2第5項に定められている。その全国統一的な運用を図るため、返納命令に関する運用基準が自治省消防庁（現総務省消防庁）から示され、平成4年4月1日から運用が開始されたが、自治事務化に伴い、運用基準の一部改正が行われ、平成12年4月1日から新たな運用が開始されているところである。

　危険物の貯蔵取扱形態は多種多様であり、違反形態も多岐にわたることから、これらを正しく把握し、適正な行政を行うためには、法理論だけでなく、実態に即した知識と経験が不可欠と思われる。

　本書は、まず制度の概要をわかりやすく説明した上で、実際の事例の分析と処理方法等を整理し、ケーススタディーを通して適正な法令の運用と適用を学べるようにまとめたものである。

　本書が、執務上の資料として、あるいは危険物取扱者の教育上の参考書として、予防事務に携わる消防職員に活用されれば幸甚である。

　　平成28年8月

査察行政研究会

　　　　　　　　凡例　　法令等の略語
法　　　　消防法（昭和23年7月24日法律第186号）
危政令　　危険物の規制に関する政令（昭和34年9月26日政令第306号）
危規則　　危険物の規制に関する規則（昭和34年9月29日総理府令第55号）

注　令和4年6月17日法律第68号の改正により、消防法の規定中「懲役」は「拘禁刑」に改正されましたが、令和7年6月1日から施行のため、改正を加えてあります。

目　次

第1章　危険物取扱者制度の概要
第1節　危険物取扱者制度の意義 ……………………………… 2
第2節　危険物取扱者の法的性格等 …………………………… 2
1. 法的根拠 …………………………………………………… 2
2. 免状は警察許可 …………………………………………… 2
3. 免状は要式行為 …………………………………………… 3
4. 地域的効力 ………………………………………………… 3
5. 時間的効力 ………………………………………………… 3
6. 免状制度と行政処分 ……………………………………… 3
   1. 免状交付の拒否 ………………………………………… 4
   2. 免状の返納 ……………………………………………… 4
7. 免状の返納命令 …………………………………………… 4
8. 教示 ………………………………………………………… 5
9. 聴聞 ………………………………………………………… 5
   1. 聴聞とは ………………………………………………… 5
   2. 聴聞の手続き …………………………………………… 6

第3節　危険物取扱者免状返納命令運用基準 ………………… 6
1. 危険物取扱者免状返納命令運用基準の内容 …………… 6
   1. 趣旨 ……………………………………………………… 6
   2. 措置の主体 ……………………………………………… 6
   3. 違反点数の算定 ………………………………………… 7
   4. 措置点数の算定等 ……………………………………… 10
   5. 違反処理手続き ………………………………………… 11
   6. 免状返納命令 …………………………………………… 12
   フロー　危険物取扱者免状の返納命令手続について …14
   7. 危険物取扱者免状返納命令運用基準表 ……………… 15
   　　（別表第1）基礎点数 ………………………………… 15

　　　　（別表第2）　事故点数··17
　　　　（別表第3）　事故点数付加基準································18
　　8　違反事項通知書等の各種様式··20

第2章　危険物取扱者免状返納命令運用基準措置事例

- ① 給油取扱所での危険物無許可貯蔵取扱い······························34
- ② 屋内貯蔵所の敷地内で無許可貯蔵取扱い······························36
- ③ 危険物保安監督者が部下の無許可貯蔵行為を容認·················38
- ④ 許可数量をオーバーした貯蔵··40
- ⑤ 移動タンク貯蔵所の荷卸ろし作業中の漏洩事故·····················42
- ⑥ 副工場長が許可品名以外の危険物取扱違反を容認·················44
- ⑦ 給油取扱所における無許可変更··46
- ⑧ 移動タンク貯蔵所の無許可変更··48
- ⑨ 自家用給油取扱所の無許可変更··50
- ⑩ 一般取扱所における位置、構造及び設備の基準維持義務違反···52
- ⑪ 給油取扱所における位置、構造及び設備の基準維持義務違反···54
- ⑫ 移動タンク貯蔵所の定期点検実施義務違反··························56
- ⑬ 給油取扱所の定期点検実施義務違反····································58
- ⑭ 一般取扱所の定期点検実施義務違反····································59
- ⑮ 保安講習受講義務違反（No.1）··60
- ⑯ 保安講習受講義務違反（No.2）··61
- ⑰ 給油取扱所における無資格者による危険物の取扱い（No.1）···62
- ⑱ 給油取扱所における無資格者による危険物の取扱い（No.2）···64
- ⑲ 運搬容器の積載方法不備による転倒流出事故·······················66
- ⑳ 18リットルプラスチック容器によるガソリンの運搬基準違反···68

21	危険物移送中の移動タンク貯蔵所からの流出事故	71
22	移動タンク貯蔵所の危険物取扱者同乗義務違反	73
23	移動タンク貯蔵所の移送中における免状携帯義務違反	75
24	定期点検記録保存義務違反	77
25	給油取扱所における完成検査前使用	79
26	給油取扱所におけるガソリン混入灯油の販売事例	81
27	自家用給油取扱所における危険物の漏洩事故	84
28	移動タンク貯蔵所の荷卸ろし中の漏洩事故	86
29	移動タンク貯蔵所の荷卸ろし中の漏洩事故（緊結不良）	88
30	移動タンク貯蔵所の底弁閉鎖不完全	90
31	移動タンク貯蔵所における移送時の免状携帯義務違反	92
32	移動タンク貯蔵所の横転流出事故	94
33	給油取扱所の計量機からドラム缶への小分け作業	96
34	移動タンク貯蔵所の常置場所の無許可変更	98
35	危険物の取扱基準違反により火災が発生	100
36	給油取扱所（セルフスタンド）における取扱いの基準違反	102
37	廃止された移動タンク貯蔵所における無許可貯蔵違反	104

参考文献

第1章

危険物取扱者制度の概要

第1節　危険物取扱者制度の意義

　火災発生の防止及び被害の軽減は、人、設備及び防火対象物の要素が作用し、成立するものである。
　したがって、増加する火災や被害の拡大を防止するためには、対象物に対する構造規制や消防用設備の設置等の強化も必要であるが、これだけでは十分とはいえず、特に人に対する対策の推進が必要となる。
　この人に対する対策の基礎となるものが危険物取扱者制度といえる。そのため、消防法では火災発生の防止、被害の軽減を図る必要性から危険物取扱者制度を設け、
○　能力のある者だけに資格を与える。（試験場における資格試験）
○　資格を与えた後に違反等を行い、法の目的に合致しないと判断される者をその場から排除する。（免状返納の行政処分）
○　資格者に対して、必要な教育を行う。（保安講習）
等を規定している。
　したがって、危険物取扱者の育成を進めていくために、これら資格者制度のもつ趣旨を理解し、その機能を十分発揮させる必要がある。

第2節　危険物取扱者の法的性格等

1 法的根拠

　消防法第13条第3項で「製造所、貯蔵所及び取扱所においては、危険物取扱者以外の者は、甲種危険物取扱者又は乙種危険物取扱者が立ち会わなければ、危険物を取り扱ってはならない。」と規定し、危険物取扱者でない者や危険物取扱者の立会いのない場合は危険物の取扱いを禁止している。

2 免状は警察許可

　警察許可とは、警察上の目的（公益上の目的）のために、一般的に禁止されている行為を、特定の要件を備えている者に対して、その禁止を解除し適

法に行わせることをいう。

危険物の取扱行為を、誰にでも自由に行わせた場合、危険物の保安に対する不安があることから、一般的にはこのような行為を禁止している。

しかし、必要な知識や技能が一定の水準に達している等として試験に合格した場合には、原則としてその禁止を解除し、危険物の取扱いを自由に行わせることとしている。

③ 免状は要式行為

警察許可等の行政行為は、原則として形式を必要としていないが、その内容を明確にするため、法令により特別の形式を定めている。これを効力の発生要件という。

消防法第13条第3項において、「免状の交付を受けている者」・「免状の交付を受けていない者」と規定しているのは、免状が要式行為であることをあらわし、免状の交付をもって免状そのものの効力の発生要件としているものである。

したがって、免状の交付を受けていなければ、たとえ試験に合格したとしても、免状そのものの効力が発生しないことから、適法に危険物の取扱いはできないことになる。

④ 地域的効力

危険物取扱者免状は、都道府県知事が交付する（法第13条の2第3項）と規定しているが、免状の効力については、当該免状を交付した都道府県だけではなく、全国に及ぶ。

⑤ 時間的効力

免状の効力期限に関して規定はない。よって、免状の返納を命じられない限り終身的とされている。

⑥ 免状制度と行政処分

行政処分とは、学問上「具体的にある法律関係を規律するために、法に基

づき行政機関が支配権又は優越的な意思の主体としてなす行為」と定義されている。

危険物取扱者に係る行政処分（免状返納命令）は、将来における危険物に対する保安の確保という行政目的のために行うものであり、当該処分は、あくまでも危険物取扱者の知識、技能、適正等の欠陥に着目して行われる行政上の処分である。

1　免状交付の拒否

警察許可は、一般に法規裁量に属する処分であると考えられ、許可行政庁は、許可の申請が法令で定める基準に該当する場合には、これに対し許可を与えるべき拘束を受けるものと解されている。

しかし、たとえ知識や技術、法令に対する理解や経験等が豊富であるとしても、資格者としてその職務を全うできるとは限らないことから、このような不適格者を排除するため、消防法は試験に合格した者であっても、過去に違反を行い免状の返納を命ぜられた者や罰金以上の刑に処せられた者で、一定の期間を経過していない場合は、免状の交付を行わないことができるとしている（法第13条の2第4項）。

2　免状の返納

警察許可を一旦与えた後に、相手方にこれを返納させるべき警察上の必要性が生じた場合、許可の効力を将来に向かって失わせる処分を警察許可の撤回という。

消防法では、危険物取扱者に対し免状の返納を命ずることができるとされている（法第13条の2第5項）。

都道府県知事が免状の返納を命ずることができる事由として、法律又はこの法律に基づく命令の規定に違反したときであることから、市町村火災予防条例や規則は含まれないものである。

警察許可の撤回は、一旦解除した自由を再び禁止するという、相手方を制限することになるので、消防法の定める処分該当事由以外に免状を返納させることは認められない。

7 免状の返納命令

消防法第13条の2第5項には「危険物取扱者がこの法律又はこの法律に基

づく命令の規定に違反しているときは、危険物取扱者免状を交付した都道府県知事は、当該危険物取扱者免状の返納を命ずることができる。」と規定している。

また、複数の免状を複数の都道府県知事から交付されている場合は、自らが交付した免状についてのみ返納命令の対象となるとされた。

返納命令の効力は、命令により直ちに失うことと解されていることから、当該免状が都道府県知事に返納されたかどうかに関係はない。

8 教示

命令を書面で行う場合は、行政不服審査法第82条及び行政事件訴訟法第46条の規定により、不服申立てをできる旨並びに処分の取消しの訴え及び裁決の取消しの訴えをできる旨を教示しなければならない。本教示制度は、処分をする相手に対し適切な情報を提供し、権利利益の救済を図る機会を十分に確保するために義務付けられたものであり、免状返納命令を発令する場合も、その書面で教示を行わなければならない。

9 聴聞

1 聴聞とは

(1) 平成6年10月、行政運営の公正の確保と透明性の向上、国民の権利利益の保護を目的として、行政手続法が施行された。法の趣旨は、不利益処分に関していえば、行政庁側は処分の根拠を明らかにするとともに相手の言い分もよく聞きなさいというものであり、民主主義の根本原則を確認するような内容をもった法律である。

(2) 行政手続法では、不利益処分をする場合（消防が行う命令は、これに含まれる。）、処分をする前に聴聞・弁明と呼ぶ事前手続をとり、行政庁側の処分に先立ち、処分される側に反論の機会を与えなければならないという原則がある。

(3) 一方、不利益処分であっても緊急の場合や法令により処分要件が明確な場合など、聴聞・弁明の機会を要しないとする適用除外規定が定められている。

(4) 不利益処分に先立つ聴聞・弁明の機会の付与は、不利益処分を行おう

とする行政庁に課せられた義務である。不利益処分の一つである危険物取扱者免状の返納命令の際には、聴聞の手続きが必要である。

2 聴聞の手続き

聴聞の手続きは、聴聞主宰者（当該処分行政機関）が被処分者（処分を受ける本人又はその代理人並びに利害関係者）に対し、当該行政処分を行おうとする趣旨及び事由などを聴聞通知書により通知（名あて人の所在が不明の場合は、公示により通知）し、主宰者、被処分者及び証人等などが出席して、開催されるものが一般的である。

審理の場においては、処分（命令）されようとしている者に証拠書類等の提出や口頭による意見陳述や質問の機会を与え、処分されようとしている者と処分しようとする行政庁側とのやり取りを経て、事実判断を行う。

なお、被処分者及び証人等などが、聴聞に出席するかしないかは自由であるが、正当な理由がなくて欠席した場合は聴聞が実施されたものとして取り扱われる。

第3節　危険物取扱者免状返納命令運用基準

○危険物取扱者免状の返納命令に関する運用基準の策定について

（平成3年12月19日消防危第119号）

最終改正　平成12年3月24日消防危第35号

1 危険物取扱者免状返納命令運用基準の内容

1 趣旨

消防法第13条の2第5項に規定する危険物取扱者免状の返納命令の運用に関し必要な事項を定める。

2 措置の主体

免状返納命令の主体は、免状を交付した都道府県知事（以下「免状交付知事」という。）が行うものである。

【例1】
　北海道知事から免状の交付を受けている危険物取扱者が、東京都内で違反をし、違反点数の合計が20点以上となった場合、免状返納命令庁は「北海道知事」となる。

【例2】
　東京都知事から交付を受けた危険物取扱者が、東京都内で違反をし、違反点数の合計が20点以上となった場合、免状返納命令庁は「東京都知事」となる。

【例3】
　東京都知事から交付を受けた危険物取扱者が、埼玉県内で違反をし、埼玉県知事から通知され、違反点数の合計が20点以上となった場合、免状返納命令庁は「東京都知事」となる。

【例4】
　東京都知事から平成元年3月に乙四類、千葉県知事から平成2年4月に乙一類の免状をそれぞれ交付を受けた危険物取扱者が、東京都内で違反をし、違反点数の合計が20点以上となった場合、免状返納命令庁は、乙四類の免状は「東京都知事」、乙一類の免状は「千葉県知事」となる。

※（複数の免状の交付を受けている場合は、免状を交付したそれぞれの知事が返納命令庁となる。）

3　違反点数の算定
　危険物取扱者が違反行為をしたときは、違反地を管轄する都道府県知事（以下「違反地知事」という。）及び免状交付知事は、次に掲げるところにより当該違反行為に係る違反点数を算定する。
　(1)　違反点数は、別表第1（p.15）において定める基礎点数に、別表第2（p.17）において定める事故点数を加えることにより算出する。
　(2)　同一人につき、同時に違反行為が2以上あるときの違反点数は各違反

行為に係る基礎点数を合計したものとする。
(3) 事故点数は、火災・爆発・流出等の事故の程度及び人身事故の程度により該当する点数を算定する。

> 【例1】
> Aは、石油製品の値上がりを見越して、ガソリン2,200リットル（指定数量の11倍）をドラム缶11本に入れ、自宅裏の林の中に不法に貯蔵していたところを発見され、法第10条第1項違反とされた。なおAは、大阪府知事から乙種第四類危険物取扱者免状の交付を受けていた。

・指定数量10倍以上の基礎点　＝　違反点数
　　　10点　　＝　　10点

> 【例2】
> 甲種危険物取扱者のBは、給油取扱所においてガソリンを取扱中に、必要な注意を怠り、誤って指定数量以上を漏洩させてしまったが、事故程度が小で社会公共等への影響はあまり認められなかった。

・取扱基準違反の基礎点数　＋　事故点数　＝　違反点数
　　　4点　　＋　　2点　　＝　　6点

> 【例3】
> Cはオーナー兼危険物保安監督者でありながら、許可を得ないで変更工事を行い、かつ保安講習も未受講だった。当該変更工事は技術上の基準に適合し、かつ火災発生危険等も認められない。

・無許可変更の基礎点　＋　講習未受講の基礎点　＝　違反点数
　　　3点　　＋　　4点　　＝　　7点

【例4】
　危険物取扱者兼移動タンク貯蔵所の運転手であるDは、当該移動タンク貯蔵所から給油取扱所の地下タンクに荷卸ろしの際、給油量を誤ったため過剰給油となり、指定数量の4倍（800リットル）のガソリンを公共下水道に流出させた。なお、当該事故に係る通報はなく6時間後に付近住民からの苦情により消防機関が覚知した。

・取扱基準違反　＋　通報義務違反　＋　事故点数　＝　違反点数
　　4点　　　＋　　　4点　　　＋　　6点　　＝　　14点

【例5】
　危険物取扱者のEは、灯油をポリエチレン容器（18リットル）に入れ貨物自動車で運搬する際、エレファントノズルを装着したまま、さらには固定も不十分であったため、振動等により当該容器が転倒し、灯油がエレファントノズル部分から路上に流出したもの。

・運搬基準違反の基礎点　＋　事故点数　＝　違反点数
　　　4点　　　　＋　　　2点　　＝　　6点

【例6】
　危険物取扱者のFは、移動タンク貯蔵所で、千葉県から都内の給油取扱所にガソリンを移送中、乙種第四類の危険物取扱者免状を携帯しなかった。（免状の交付事実については確認済）

・免状不携帯の基礎点　＝　違反点数
　　　4点　　　＝　　4点

【例7】
　給油取扱所のオーナー兼危険物保安監督者Gは、他に危険物取扱者免状の交付を受けている者がいないことを知りながら不在にし、この間、従業員に対し給油作業の継続を指示していたもの。（免状交付のない従業員は、この指示に基づき給油作業を行った。）

・無資格者の取扱いの基礎点　＝　違反点数

　　　　8点　　　＝　　8点

【例8】
　危険物取扱者のHは、静電塗装のための一般取扱所内においてみだりに電気溶接作業を実施していたもの。

・取扱基準違反の基礎点　＝　違反点数

　　　　4点　　　＝　　4点

(4)　違反行為の内容が次に掲げる各号の一に該当する場合には、違反点数を計上しないものとする。
　ア　行為につき、正当防衛、緊急避難その他の違法性阻却事由がある場合
　イ　行為につき無過失である場合
　ウ　違反行為が継続する性質のものであって、既に行政措置等を行ったにもかかわらず、なお違反状態が継続している場合で、違反者が違反を是正するために要する相当期間が経過していない場合
　エ　違反者が違反を行ったことにつき、真にやむを得ないと認められる事情があるため、行政措置等を行うことが著しく不当と認められる場合

4　措置点数の算定等

　免状交付知事は、当該違反行為のなされた日又は当該違反を覚知した日（継続する性質の違反行為にあっては、当該違反を覚知した日）を起算日とする過去3年以内におけるその他の違反行為に係る違反点数を累積して措置点数を算定し、当該違反者に係る違反点数の合計が20点に達したときに免状返

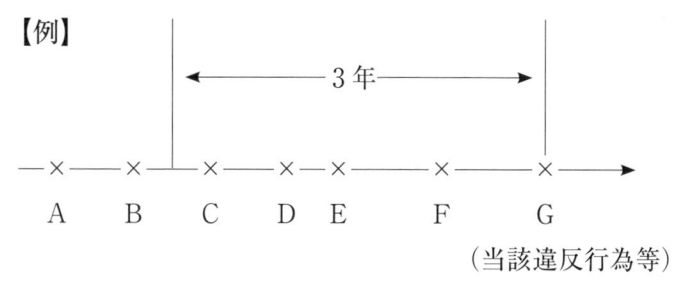

納命令を行うものとする。
【例】

```
        ←―――3年―――→
―×―×―┼×―×―×―×―×―→
 A  B  C  D  E  F  G
                   （当該違反行為等）
```

　違反行為のGに係る措置点数は、Gの違反行為日又はGの違反行為を覚知した日を起算日とする過去3年以内のその他の違反行為日等C～Gに付した点数の合計である。

　この場合、A あるいはBの違反行為は、措置点数の対象にはならない。

5　違反処理手続き
(1)　違反事案の報告等
　ア　市町村長は、措置の対象となる違反事案が発生したときは、危険物取扱者違反処理報告書（様式第1）を作成し、免状の写し及び違反時の状況を具体的かつ明確に記載した書類を添付して都道府県知事に報告するとともに、当該違反者に対して違反事項通知書（様式第2）を送達するものとする。

　　なお、違反事項通知書は、違反者に直接交付するか又は郵送により交付し、受領書（参考様式その2）に署名を求めておくものとする。

　イ　アの報告を受けた都道府県知事は、違反者の免状が他の都道府県知事の交付に係る免状である場合は、危険物取扱者違反事項通知書（様式第3）により免状交付知事に通知する。

　　なお、この通知に当たっては、当該違反行為に係る危険物取扱者違反処理報告書（様式第1）を添付するものとする。

(2)　違反処理台帳の整備
　ア　免状交付知事は、前(1)の通知に基づき当該違反者に係る危険物取扱者違反処理台帳（様式第4）を整備・保管する。

　イ　平成12年4月1日において現に存する危険物取扱者違反処理台帳の扱いは、違反行為の報告を受けた違反地知事が最新免状交付知事である場

合には、他の免状交付知事への通知の際に危険物取扱者違反処理台帳の写しを添付することとし、違反地知事が最新免状交付知事でない場合には、通知を受けた最新免状交付知事が、他の免状交付知事に対し、危険物取扱者違反処理台帳の写しを速やかに送付する。

6 免状返納命令

(1) 聴聞

ア 免状交付知事は、違反者の措置点数が20点に達し、免状返納命令を行おうとするときは、聴聞を行うものとする。

なお、複数の都道府県知事から免状の交付を受けている危険物取扱者に免状返納を命じようとするときは、聴聞前に、危険物取扱者免状返納命令事前通知書(様式第6)に、過去3年以内の違反に係る様式第1及び様式第4の写し並びに当該危険物取扱者が交付を受けている免状の写しを添付して、他の免状交付知事に通知するものとする。

イ 都道府県知事は、聴聞を行おうとするときは、免状返納命令を行おうとする理由並びに聴聞の期日及び場所を、開催日の1週間前までに聴聞通知書(参考様式その1)により違反者に通知するものとする。

聴聞通知書は、違反者に直接交付するか又は郵送により交付し、受領書(参考様式その2)に署名を求めておくものとする。ただし、違反者の住所不明等の理由により聴聞通知書の郵送ができない場合は、公示をもって送達に代えるものとする。

ウ 聴聞は、違反事実及び情状並びに処分決定上の参考事項について行うものとし、当該違反者又はその代理人は、必要な質問を発し、意見を述べ、自己に有利な事実を主張し、又は証拠書類若しくは証拠物を提出することができるものとする。

なお、当該違反者又はその代理人は、免状交付知事の許可を得て2人以内の弁護人等意見陳述人を出席させることができるものとする。

エ 免状交付知事は、必要があると認めるときは、専門的知識を有する参考人又は消防事務に従事する職員を聴聞に出席させることができるものとする。

オ 免状交付知事は、当該違反者又はその代理人が正当な理由なく聴聞の

期日に出頭しないときは、聴聞を開始し、終結することができるものとする。また、公示をした日から30日を経過してもその者の所在が判明しないときは、聴聞を行ったものとして取り扱うことができるものとする。
　カ　免状交付知事は、当該違反者又はその代理人が正当な理由により出席が困難な場合には、聴聞に代えて陳述書等の提出を求めることができるものとする。

(2) **免状返納命令手続**
　ア　免状交付知事は、聴聞の結果免状返納命令の決定をしたときは、速やかに当該違反者に免状返納命令通知書（様式第5）により処分内容その他必要事項を通知する。
　イ　免状返納命令は、当該違反者に対して免状返納命令書（様式第7）を交付することにより行う。免状返納命令書の交付については、前6・(1)イ後段の規定を準用する。
　ウ　免状交付知事は、免状返納命令書の交付に際して当該違反者の人定確認、違反事実及び処分内容の説明を行い、免状を返納させるものとする。
　エ　免状返納命令を発した免状交付知事は、消防庁長官及び他の全ての都道府県知事に対し、様式第8及び第9によりその旨を通報するものとする。
　オ　エの通知を受けた都道府県知事は、当該免状返納命令が管下市町村長からの違反処理報告に基づく事案であるときは、当該市町村長に対して、様式第10により通知する。
　カ　都道府県知事は返納命令簿を備えるものとし、返納命令簿はエの通知に編綴して作成する。

フロー　危険物取扱者免状の返納命令手続について

[以下のフロー図は、二の都道府県（A・B）から免状の交付を受けている危険物取扱者がA・B以外の都道府県内で違反をし、免状交付知事Aが返納を命じた場合を事例として描いたものである。]

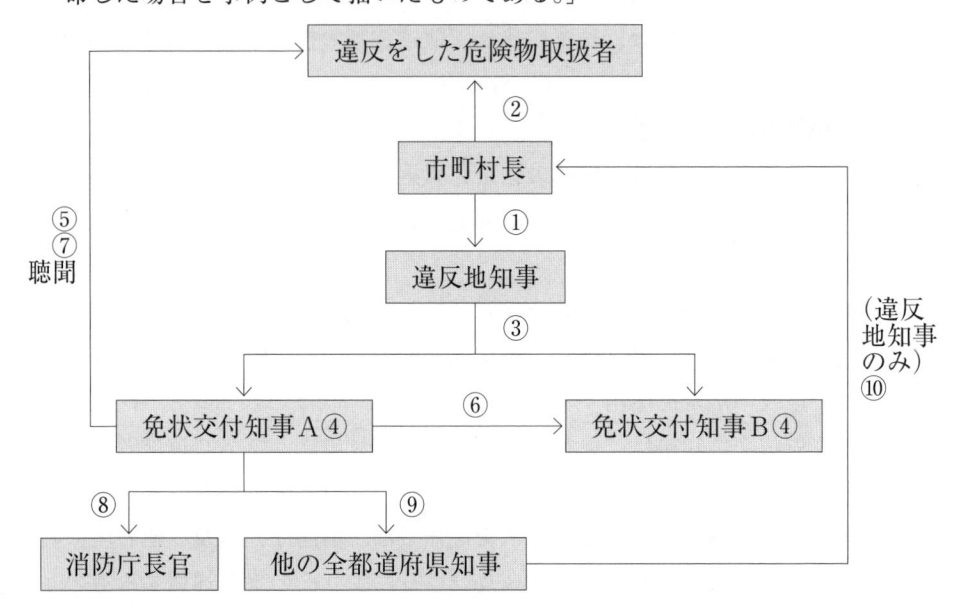

```
                    ┌─────────────────────┐
         ┌─────────→│  違反をした危険物取扱者  │
         │          └─────────────────────┘
         │                    ↑ ②
         │          ┌─────────────────────┐
         │          │      市町村長        │←──────────┐
         │          └─────────────────────┘           │
   ⑤                      ↓ ①                        │
   ⑦          ┌─────────────────────┐               │
   聴聞        │      違反地知事      │          (違反  │
         │    └─────────────────────┘          地知事  │
         │              ↓ ③                    のみ)   │
         │         ┌────┴────┐                  ⑩     │
         │    ┌────────────┐  ⑥  ┌────────────┐      │
         └───│ 免状交付知事A④│─────→│免状交付知事B④│──────┘
             └────────────┘      └────────────┘
                ⑧  │   │  ⑨
          ┌─────────┘   └─────────┐
    ┌──────────┐            ┌──────────────┐
    │ 消防庁長官 │            │ 他の全都道府県知事 │
    └──────────┘            └──────────────┘
```

1．市町村長は、違反事案を発見したときは、危険物取扱者違反処理報告書（①）により違反地知事に報告するとともに、違反者に対して違反事項通知書（②）を送達する。
2．違反地知事は、違反者が他の都道府県知事から免状の交付を受けている場合、危険物取扱者違反事項通知書（③）を当該免状交付知事に通知する。
3．免状交付知事A・Bは、危険物取扱者違反処理台帳（④）を整備する。
4．免状交付知事Aは、免状返納命令を行おうとするときは、聴聞を行う。
5．免状交付知事Aは、返納を命じようとするときは、あらかじめ、危険物取扱者免状返納命令事前通知書（⑥）により他の免状交付知事Bに通知する。
6．免状交付知事Aは、返納命令の決定をしたときは、違反者に免状返納命令通知書（⑤）により処分内容等を通知する。
7．免状交付知事Aは、違反者に対して免状返納命令書（⑦）を交付することにより免状返納を命じる。
8．免状返納命令を発した免状交付知事Aは、消防庁長官及び他のすべての都道府県知事に対し、免状返納を命じた旨報告する（⑧・⑨）。
9．違反地知事は、免状返納が命じられた旨の報告を受けたときは、違反処理報告をした市町村長に対し、免状返納が命じられた旨通知する（⑩）。

※免状交付知事Bが返納を命ずる場合も、A知事と同様の手続きを行う。

7 危険物取扱者免状返納命令運用基準表
別表第1 基礎点数

項	違反行為の種類			点数
1	法第10条第1項	危険物の無許可貯蔵又は取扱い	指定数量の10倍以上	10
			指定数量の2倍以上10倍未満	6
			指定数量の2倍未満	4
2	危政令第31条 (法第10条第3項関係)	危険物取扱者の責務違反 (貯蔵及び取扱いの基準違反関係)		4
3	〃 (法第11条第1項関係)	〃 (製造所等の無許可設置関係)		8
4	〃 (法第11条第1項関係)	〃 (製造所等の無許可変更関係)	火災発生等危険性の大なもの	8
			その他のもの	3
5	〃 (法第11条第5項関係)	〃 (完成検査前使用(新設後)関係)		8
6	〃 (法第11条第5項関係)	〃 (完成検査前使用(変更後)関係)	火災発生等危険性の大なもの	5
			その他のもの	3
7	〃 (法第11条の4関係)	〃 (危険物の品名、数量及び指定数量の倍数変更届出義務違反関係)		4
8	〃 (法第11条の5関係)	〃 (危険物の貯蔵及び取扱い基準遵守命令違反関係)		5
9	〃 (法第12条第1項関係)	〃 (製造所等の位置、構造及び設備の 技術上の基準維持義務違反関係)	火災発生等危険性の大なもの	4
			その他のもの	3
10	〃 (法第12条第2項関係)	〃 (製造所等の位置、構造及び設備の技術上の基準適合命令違反関係)		5
11	〃 (法第12条の2関係)	〃 (使用停止命令違反関係)		8
12	〃 (法第12条の3関係)	〃 (緊急時の使用停止、使用制限命令違反関係)		8
13	〃 (法第12条の7第1項関係)	〃 (危険物保安統括管理者選任義務違反関係)		8
14	〃 (法第12条の7第2項関係)	〃 (危険物保安統括管理者の選解任届出義務違反関係)		4
15	〃 (法第13条第1項関係)	〃 (危険物保安監督者選任義務違反関係)		8
16	〃 (法第13条第1項関係)	〃 (危険物保安監督者保安監督業務不履行)		4
17	〃 (法第13条第2項関係)	〃 (危険物保安監督者届出義務違反関係)		4
18	法第13条第3項	資格外危険物の取扱い		8
19	法第13条の23	危険物取扱者保安講習未受講		4
20	法第13条の24	危険物取扱者の責務違反(危険物保安監督者解任命令違反)		4

21	危政令第31条 (法第14条関係)	危険物取扱者の責務違反 (危険物施設保安員選任義務違反関係)	3
22	〃 (法第14条の2第1項関係)	〃 (予防規程無認可関係)	4
23	〃 (法第14条の2第3項関係)	〃 (予防規程変更命令違反)	8
24	〃 (法第14条の2第4項関係)	〃 (予防規程遵守義務違反)	2
25	〃 (法第14条の3第1項及び第2項関係)	〃 (保安検査拒否等関係)	4
26	〃 (法第14条の3の2関係)	〃 (定期点検義務違反関係) 定期点検未実施	4
		記録保存違反	3
27	〃 (法第16条関係)	〃 (危険物運搬基準違反関係)	4
28	〃 (法第16条の2第1項関係)	〃 (危険物取扱者の不乗車関係)	5
29	法第16条の2第2項関係	移動タンク貯蔵所の移送基準違反	3
30	法第16条の2第3項関係	危険物取扱者免状不携帯	4
31	危政令第31条 (法第16条の3第1項関係)	危険物取扱者の責務違反 (事故発生時の応急措置義務違反関係)	4
32	〃 (法第16条の3第2項関係)	〃 (事故発生時の通報義務違反関係)	4
33	〃 (法第16条の3第3項、第4項関係)	〃 (事故発生時の応急措置命令違反関係)	8
34	〃 (法第16条の5第1項関係)	〃 (資料提出命令、立入検査拒否関係)	4
35	〃 (法第16条の5第2項関係)	〃 (移動タンク貯蔵所の停止措置違反関係)	4
36	危政令第31条 (法第16条の6関係)	危険物取扱者の責務違反 (危険物の除去命令違反関係)	10
37	危政令第31条	危険物取扱者の責務違反(上記以外のもの)	4

別表第2 事故点数 (事故が発生した場合の付加点数)

事故の程度	点数
事故の程度が小	2
事故の程度が中	4
事故の程度が大	6

人 身 事 故 の 程 度	点数
軽傷（入院加療を必要としないもの）	6
中等傷（重傷又は軽傷以外のもの）	8
重傷（3週間の入院加療を必要とするもの以上のもの）	10
死亡（事故発生後48時間以内に死亡したもの）	20

備考① 危険物取扱者の違反行為と事故が因果関係を有する場合に当該事故の程度に応じ点数を加点するものとする。
　② 人身事故の程度は、初診時における医師の診断に基づき分類する。
　③ 死傷者が2人以上の場合は、そのうち最も重いものにより加算する。

別表第3 事故点数付加基準（東京消防庁）

ア 火災・爆発事故等

（表中の数値は事故点数）

事故の種別		焼損程度又は破壊程度	社会・公共へ与えた影響度 小	中	大
事故の種別	建物火災（車両、船舶、航空機火災を含む。）	収容物のみの焼損又は焼損面積なし	2		
		焼損床面積の合計が50㎡未満	2	2	4
		焼損床面積の合計が50㎡以上200㎡未満	2	4	6
		焼損床面積の合計が200㎡以上	4	6	6
	その他火災林野火災	焼損程度又は損害が小又は中	2	2	4
		焼損程度又は損害が大	2	4	6
		焼損程度又は損害が著しく大	4	6	6
	爆発事故（爆発により火災を発生させた場合を含む。）	① 局部破壊に止まるもの	2		
		② 破壊程度が①又は③以外のもの	2	4	6
		③ 破壊程度が著しく大で、かつ、隣接建物に被害が発生した場合		6	6

備考：① 「建物火災」の要件で、車両、船舶、航空機における火災については、その規模・程度等に応じて2点・4点・6点のいずれかで措置する。
　　　② 社会・公共へ与えた影響度については次に該当するものとする。
　　　　　影響度「大」：敷地外の建物に延焼（ただし、焼損床面積があるもの）又は破壊（ただし、建物の主要構造部に影響を及ぼしたもの）などの特異なもの
　　　　　影響度「小」：火災・爆発事故等の被害が当該許可施設以外に影響を及ぼさなかったもの
　　　　　影響度「中」：「大」又は「小」のいずれにも該当しないもの

イ　危険物の流出事故等

(表中の数値は事故点数)

危険物の種別		流出量		
		10L未満	10L以上 指定数量未満	指定数量以上
	特殊引火物・ガソリン等で引火点が21度未満の危険物			
	上記以外の危険物	指定数量の1/5未満	指定数量の1/5以上指定数量未満	指定数量以上
社会・公共へ与えた影響度		小　中　大	小　中　大	小　中　大
流出の範囲	敷地内への流出	2　2	2　2	2　4
	敷地外への流出 公道上への流出	2　4	4　6	6　6
	下水・河川等の公共施設への流出	4　6	6　6	6　6

備考：① 「危険物の種別」の要件で、「ガソリン等で引火点が21度未満の危険物」については、ガソリン、トルエン、アルコール等が該当する。
　　　② 社会・公共へ与えた影響度については次に該当するものとする。
　　　　　　影響度「大」：鉄道、公道（幹線道路等に限る。）及び公共機関の使用不能（通行傷害を含む。）を生じさせたなどの特異なもの
　　　　　　影響度「小」：事故の発生した許可施設以外に影響を及ぼさなかったもの
　　　　　　影響度「中」：「大」又は「小」のいずれにも該当しないもの

8 違反事項通知書等の各種様式

様式第1

```
                                              第      号
                                              年  月  日

    ○○県（都道府）知事　殿

                                    ○○市（町村）長　㊞


              危険物取扱者違反処理報告書
```

違反者	本　籍	県（都道府）						
	住　所								
	氏　名								
	免　状	種　類	類　別	交付年月日	交付番号	交付知事		
		種　　類	類	年　月　日	第　　号	知事		
	事業所名 職　　名 所 在 地								

1　違反年月日　　　　　　　年　　月　　日
2　違反場所
3　違反行為の概要
4　違反発見の端緒
5　違反条項及び違反点数（付加点数及びその理由）
6　その他参考事項
7　意見

（※1）　免状欄については、全ての種類の免状について記載すること。

（※2）　免状の写しを添付すること。

様式第2

　　　　　　　　　　　　　　　　　　　　　第　　　　号
　　　　　　　　　　　　　　　　　　　　　年　月　日

住　所
氏　名　　　　　　　　　殿

　　　　　　　　　　　　　　　○○市（町村）長　㊞

　　　　　　　　違 反 事 項 通 知 書

　あなたは、下記の消防法令違反があるので注意します。
　なお、今後、危険物取扱者免状を交付した知事から返納命令を受けることがあります。

　　　　　　　　　　　　記

1　違反年月日　　　　　　年　　月　　日

2　違反場所

3　違反行為の概要

4　違反事項

　　　　　　　消防法第　　条（　　　　違反）

様式第3

第　　　号
年　月　日

○○県（都道府）知事　殿

○○県（都道府）知事　㊞

危険物取扱者違反事項通知書

　当県（都道府）内において、下記のとおり貴交付免状所持者の違反があったので、消防法第13条の2第6項に基づき通知します。

記

1　違反者氏名
2　所持免状　　種　類　　第　号　年　月　日交付
3　違反事項
　　　　　　　消防法第　条（　　　違反）
4　違反点数

（※）　違反に係る様式第1及び免状の写しを添付すること。

様式第4

危険物取扱者違反処理台帳

(表)

No.	氏　名		生年月日	年　　月　　日
住所及び勤務先			本籍	

免状の種類		交付年月日	交付番号	交付都道府県知事
甲　　　種		S・H　　年　　月　　日		
乙種	第1類	S・H　　年　　月　　日		
	第2類	S・H　　年　　月　　日		
	第3類	S・H　　年　　月　　日		
	第4類	S・H　　年　　月　　日		
	第5類	S・H　　年　　月　　日		
	第6類	S・H　　年　　月　　日		
丙　　　種		S・H　　年　　月　　日		

違反年月日	違反行為を行った場所	違反事項

基礎点数	事故加点	付加理由

違反点数	措置点数	返納命令年月日	返納命令知事
		平成　　年　　月　　日	

違反年月日	違反行為を行った場所	違反事項

基礎点数	事故加点	付加理由

違反点数	措置点数	返納命令年月日	返納命令知事
		平成　　年　　月　　日	

(裏)

違反行為及び事故の概要

違反行為及び事故の概要

様式第5

第　　　　号
年　月　日

住　所
氏　名　　　　　殿

〇〇県（都道府）知事　㊞

免状返納命令通知書

　あなたは、消防法第13条の2第5項の規定に基づき、危険物取扱者免状の返納命令を受けることになりましたので、下記により来庁してください。

記

1　日　時
　　　　年　月　日　時　分から　時　分までの間

2　場　所

3　持参品
　(1)　この通知書
　(2)　危険物取扱者免状

4　備　考

様式第6

第　　　　号
年　　月　　日

○○県（都道府）知事　殿

○○県（都道府）知事　㊞

危険物取扱者免状返納命令事前通知書

　貴交付免状所持者について、消防法第13条の2第5項に基づき、本職交付免状の返納を命ずることとしたので、危険物の規制に関する規則第51条の2に基づき通知します。

記

1　危険物取扱者氏名

2　返納を命ずる免状

　　　　種　類　　　第　　号　　年　　月　　日交付

3　返納を命ずる理由

4　免状返納命令発出予定日　　　　　年　　月　　日

（※）　過去3年以内の違反に係る様式第1及び様式第4の写し並びに免状の写しを添付すること。

様式第7

```
                                    第      号
                                    年  月  日
住   所
氏   名         殿

                        ○○県（都道府）知事  印


              免 状 返 納 命 令 書

 あなたは、下記の消防法令違反を行ったので、消防法第13条の2第5項の規定に基づき、危険物取扱者免状を返納することを命じます。
 なお、本命令に従わない場合は、同法第44条第9号の規定により処罰されることがあります。

                    記

1  返納免状

2  返納期限        年  月  日

3  違反内容

4  違反事項
              消防法第    条（       違反）
```

様式第8

　　　　　　　　　　　　　　　　　　　　　　　第　　　号
　　　　　　　　　　　　　　　　　　　　　　　年　月　日

消防庁長官　殿

　　　　　　　　　　　　　　　　　　○○県（都道府）知事　㊞

　　　　　　　危険物取扱者免状の返納命令について（報告）

　このことについて、下記のとおり危険物取扱者免状の返納を命じたので報告します。

　　　　　　　　　　　　　　記

1　氏名（生年月日）及び本籍

2　免状の種類

3　交付番号

4　交付年月日　　　　　　　年　月　日

5　違反事項
　　　　　　　　消防法第　条（　　違反）

6　返納命令年月日　　　　　年　月　日

7　備考

（※）　違反の状況等を示す資料を添付すること。

様式第9

　　　　　　　　　　　　　　　　　　　　　第　　　　号
　　　　　　　　　　　　　　　　　　　　　年　　月　　日

各都道府県知事　殿

　　　　　　　　　　　　　　　　○○県（都道府）知事　㊞

　　　　　　危険物取扱者免状の返納命令について（通知）

　このことについて、下記のとおり危険物取扱者免状の返納を命じたので通知します。

　　　　　　　　　　　　　記

1　氏名（生年月日）及び本籍

2　免状の種類

3　交付番号

4　交付年月日　　　　　　　年　　月　　日

5　違反事項

　　　　　　　　消防法第　　条（　　　　違反）

6　返納命令年月日　　　　　年　　月　　日

7　備　考

様式第10

```
                                     第      号
                                     年   月   日

  ○○市（町村）長　殿

                           ○○県（都道府）知事　㊞


              危険物取扱者免状の返納命令について（通知）

  このことについて、下記のとおり危険物取扱者免状の返納を命じた
（旨の通知があった）ので通知します。

                         記

1  氏名（生年月日）及び本籍

2  免状の種類

3  交付番号

4  交付年月日            年    月    日

5  違反事項
             消防法第    条（        違反）

6  返納命令年月日        年    月    日

7  返納命令知事            知事

8  備　考
```

参考様式その1（東京消防庁）

第　　　　　号
年　　月　　日

（住　所）
（氏　名）　　　　　　　殿

東京消防庁
（職名）　（氏名）

聴　聞　通　知　書

　あなたに対する下記事実を原因とする不利益処分に係る聴聞を下記のとおり行いますので通知します。

記

聴　聞　の　件　名	
予定される不利益処分の内容	
根拠となる法令の条項	
不利益処分の原因となる事実	
聴　聞　の　期　日	年　　月　　日（　）　　時　　分から
聴　聞　の　場　所	
聴聞に関する事務を所掌する組織名称・所在及び聴聞主宰者	

教示　1　あなたは、聴聞の期日に出頭して意見を述べ、及び証拠書類又は証拠物を提出することができます。
　　　2　あなたは、聴聞への出頭に代えて処分に対する陳述書及び証拠書類等を聴聞期日までに聴聞主宰者へ提出することができます。
　　　3　あなたは、聴聞が終結するまでの間、処分の原因となる事実を証する資料（別添え「処分の原因となる事実の認定資料等目録」参照）の閲覧を行政庁に求めることができます。

備考　1　あなたは聴聞に関して、代理人を選任することができます。
　　　　　この場合、聴聞開始までに代理人資格証明書を行政庁に提出してください。
　　　2　聴聞の期日において補佐人とともに出頭しようとする場合には、事前に補佐人聴聞出頭許可申請書により聴聞の期日の4日前までに聴聞主宰者に申請してください。
　　　3　あなた又は代理人が正当な理由がなく出席しなかったときは、聴聞を行ったものとして処分を決定します。
　　　4　あなた又は代理人が聴聞期日に出席できない正当な理由があるときは、出席できない理由を　　　年　　月　　日までに下記問合せ先に連絡してください。
　　　5　あなた又は代理人は正当な理由がある場合は、行政庁に対し聴聞期日変更申請書により聴聞の期日の変更を申し出ることができます。

問合せ先
担　当
電　話　　　　内　線

（日本産業規格A列4番）

参考様式その2

　　　　　　　　　　　　　　　　　　　　　　　　　年　　月　　日

○○市（町村）長　殿

　　　　　　　　　　　　　　　　　　住所
　　　　　　　　　　　　　　　　　　氏名

　　　　　　　　　受　領　書

　　年　　月　　日付け　　　　第　　　号の
は、確かに受領しました。

第2章

危険物取扱者免状返納命令運用基準措置事例

＊措置事例は、すべて一般的な状況をもとに措置点数を決定しており、一般論として参考にしていただきたい。

1 給油取扱所での危険物無許可貯蔵取扱い

　給油取扱所の営業所長である危険物保安監督者Aは、営業中に地上式固定給油設備の地下タンクが空になったので、あまり使用しない懸垂式給油設備の地下タンクから当該地下タンクにガソリンを入れ替えるため、従業員（無資格者）Bとともに懸垂式給油設備の給油ノズルからドラム缶にガソリン1,540リットル（7.7倍）を小分けし、さらにドラム缶から手動ポンプを用いて空の地下タンク注入口へ注入した。

[違反事項の分析]

　給油取扱所とは、固定した給油設備によって自動車等の燃料タンクに直接給油するため危険物を取り扱う許可施設である。
　危険物無許可貯蔵取扱（法第10条第1項違反）の要件は、危険物を①製造所等以外の場所で②指定数量以上を③貯蔵又は取り扱うことであるが、危険物許可施設であっても予定されている危険物の貯蔵及び取扱形態を逸脱した貯蔵及び取扱いも含まれるものであることから、給油取扱所でドラム缶に指定数量以上のガソリンを小分けした行為は危険物無許可貯蔵取扱（法第10条第1項違反）を構成する。
　このため、行為者である営業所長兼危険物保安監督者Aに対して措置を行った。なお、従業員Bは無資格であるから措置は非該当となる。

〔違反点数の検討〕

違反点数	基　礎　点　数					事 故 点 数		合　計
	項	1項	項	項	小計	災　害	人　身	
点数		6			6			6

※違反内容は1項の「無許可貯蔵（指定数量の2倍以上10倍未満）」6点に該当する。

〔行政対応等〕

1　関係者から供述の録取及び実況見分調書の作成
2　危険物保安監督者(危険物取扱者)Aに対して、「違反事項通知書」の交付
3　法人に対して、違反再発防止の「警告書」の交付及び「違反再発防止対策書」の徴収
4　無資格者Bから始末書の徴収

〔留意事項〕

1　無許可貯蔵取扱いは、法第10条第1項のただし書きの承認又は法第11条第1項前段の規定による許可を受けないで指定数量以上の危険物を貯蔵し、取り扱っている場合に成立するものである。

　ただ、ここで注意しなければならない重要な点は、「製造所等以外の場所」には製造所等として許可された施設であっても貯蔵又は取扱いの形態を逸脱したり、あるいは製造所等としての業務目的に反した形で指定数量以上の危険物を貯蔵取り扱っている場合も含まれるものである。

2　罰則として、法第10条第1項の規定に違反した者（違反行為者及び共犯者）は1年以下の懲役又は100万円以下の罰金（法第41条）が適用される。

　なお、法人（会社）に対して両罰規定（法第45条）が適用される。

②屋内貯蔵所の敷地内で無許可貯蔵取扱い

　殺虫消毒業を営んでいるA商工株式会社のB営業所で、危険物の発注から在庫管理まで会社から一任されていた資材課長C（危険物取扱者）が、屋内貯蔵所（第四類第2石油類指定数量4倍の許可施設）の在庫を確認することなく危険物を発注した。
　その理由として屋内貯蔵所の危険物が満杯状態になっていたが、1週間後には複数の作業現場に移動することが確実であったことから違反を承知でB営業所の敷地内に従業員D（無資格者）とともに危険物（フルシトリネート第四類第2石油類）をドラム缶10本（2,000リットル・2倍）に入れて貯蔵していたもので、付近住民からの通報により発覚したものである。また、Cが危険物保安講習未受講であることも発覚した。

[違反事項の分析]

　　指定数量以上の危険物を貯蔵又は取り扱う場合は、法第10条第1項ただし書きの承認又は法第11条第1項前段の許可を受け、完成検査済証の交付を受けた危険物施設でなければならない。本事例は、仮承認を受けていないこと及び許可を受けていない場所での指定数量以上の危険物を貯蔵していることから、危険物無許可貯蔵（法第10条第1項違反）を構成する。

なお、無許可貯蔵にかかわった者は資材課長C及び従業員Dであるが、Dは無資格者であるため、Cのみに対して措置を行った。

[違反点数の検討]

違反点数	基礎点数				事故点数		合計
	項	1項	19項	項	小計	災害	人身	
点数		6	4		10			10

※違反内容は1項の「無許可貯蔵（指定数量の2倍以上10倍未満）」6点に該当する。
※違反内容は19項の「保安講習未受講」4点に該当する。

[行政対応等]

1 関係者から供述の録取及び実況見分調書の作成
2 危険物取扱者Cに対して、「違反事項通知書」の交付
3 法人に対して、違反再発防止の「警告書」の交付及び「違反再発防止対策書」の徴収

[留意事項]

1 危険物であるか否かの認定は、「危険物等データベース登録確認書（確認試験結果報告書）」により確認することが原則であるが、ガソリン、灯油、軽油等で危険物の判定が明白である場合及び運搬容器基準（危政令第28条）に適合する容器で密栓状態の場合は、「危険物等データベース登録確認書」での確認は不要である。ただし、無許可貯蔵取扱で告発をする場合は、最終的には「危険物等データベース登録確認書」が必要となる。

2 貯蔵の定義は、保管の意思をもって継続的に危険物を容器に収納しておく状態であり、貯蔵することの意思が必要である。また、取扱いの定義としては、その意思をもって、危険物の製造、詰め替え、消費、廃棄、給油、注入、汲み上げ、容器入りのままの販売等危険物の動的状態をいうものである。

③危険物保安監督者が部下の無許可貯蔵行為を容認

　A化学興業株式会社の保安課長Bは、当社の製造所、屋内貯蔵所、地下タンク貯蔵所の各施設の危険物保安監督者として選任され、かつ、同社内の危険物の管理を会社から一任されていた。

　この工場は、受注生産方式をとっていたため、注文があればそれに必要な原材料である危険物を発注するシステムをとっていた。このため大量の製品の受注があった場合は、危険物貯蔵所等に入り切れない危険物を工場敷地内の倉庫に貯蔵して対応していた。ある日、保安課長Bは部下のC及びDが倉庫内に危険物第四類第1石油類エチルアセテート2,000リットル（10倍）及び第2石油類スチレンモノマー3,500リットル（3.5倍）を運びこんでいることを知っていたが敢えて止めるよう指示することなく貯蔵を容認していた。

〔違反事項の分析〕

　本事例は、危険物許可施設外の倉庫に危険物を指定数量以上貯蔵したものであり、貯蔵する時間の長短に関係なく、危険物無許可貯蔵（法第10条第1項違反）を構成する。

　保安課長は、無許可貯蔵を繰り返していたことを知っていながら、また、それらの違反行為を是正させる権限を有していながら敢えて無許可貯蔵行為を放置していたことは、法第10条第1項違反の共犯が成立する。

　無許可貯蔵にかかわったのは、保安課長兼危険物保安監督者B及び従業員C、Dであるが、C、Dとも無資格であるためBのみに対して措置を行った。

〔違反点数の検討〕

違反点数	基礎点数					事故点数		合計
	項	1項	項	項	小計	災害	人身	
	点数	10			10			10

※違反内容は1項の「無許可貯蔵（指定数量の10倍以上）」10点に該当する。

行政対応等

1　関係者から供述の録取及び実況見分調書の作成
2　危険物保安監督者(危険物取扱者)Bに対して、「違反事項通知書」の交付
3　法人に対して、違反再発防止の「警告書」の交付及び「違反再発防止対策書」の徴収

留意事項

　法第10条第1項違反が現認された場合は、危険物許可施設以外の場所での危険物に係る危険性の排除を目的とした除去命令(法第16条の6)等を関係者に対して発令する。法第10条第1項違反自体が直罰規定であることから、法第16条の6の命令違反に対しては罰則規定はない。また、理論的には行政代執行が可能である。

　「無許可貯蔵・取扱いに係る危険物の除去、その他危険物による災害防止のための必要な措置をとるべきことを命ずる」とは、違法に貯蔵している危険物に対しての除去命令であり、危険物を取り扱っている場合は、取扱作業の中止又は指定数量以下の取扱いを命ずることである。

　除去措置の一般的な例として、①指定数量以上の危険物を貯蔵すること自体許されていない製造所等以外の場所においてこれを行っている場合、②製造所等であってもその目的に反した形で指定数量以上の危険物を貯蔵している場合等がある。

　取扱禁止・制限措置は、一般に適法に貯蔵されている危険物あるいは違法に貯蔵されている危険物について指定数量以上の取扱いが行われ、その取扱方法に違法がある場合にとられる措置であり、その一般的な例として、①給油取扱所や屋内貯蔵所、屋外貯蔵所などにおいて、指定数量以上の危険物の詰替行為が行われている場合、②移動タンク貯蔵所により、同一場所において指定数量以上の詰替販売が行われている場合等がある。

4 許可数量をオーバーした貯蔵

　A化学工業株式会社物流センターの屋内貯蔵所（許可品名・第四類第1石油類、許可数量4,000リットル）において、同センターの資材係長である危険物保安監督者Bは、屋内貯蔵所の在庫を確認することなく工場に商品の発送を指示したため、結果的に許可数量を1,500リットルオーバーした。Bは違反であることは知っていたが、他の場所で保管するよりも許可施設内で保管する方が安全であると判断したとしている。

違反事項の分析

　製造所等の危険物許可施設においては、危険物を貯蔵又は取り扱う場合は法第10条第3項の技術上の基準（危政令第24条から第27条）に従って貯蔵及び取扱いをしなければならない。

　本事例は、許可数量4,000リットルのところ1,500リットルがオーバーしていることを認識していながら貯蔵しているのであるから危政令第24条第1号の「許可又は届出に係る数量を超える危険物を貯蔵してはならない。」に該当し、法第10条第3項違反を構成する。

　したがって、貯蔵を行っていた資材係長兼危険物保安監督者Bに対して措置を行った。

違反点数の検討

違反点数	基礎点数				事故点数		合計
	1項	2項	3項	4項	小計	災害	人身	
点数		4			4			4

※違反内容は2項の「貯蔵及び取扱いの基準違反」4点に該当する。

行政対応等

1 関係者から供述の録取及び実況見分調書の作成
2 危険物保安監督者(危険物取扱者)Bに対して、「違反事項通知書」の交付
3 法人に対して、違反再発防止の「警告書」の交付及び「違反再発防止対策書」の徴収

留意事項

1 法第11条第1項の規定が、製造所等の施設に関する規制であるのに対し、危政令第24条第1号の規定は、貯蔵・取扱いに関して規制したものである。

　法第11条第1項による許可は、あくまでも、位置、構造及び設備の技術上の基準に適合する施設に対する許可であり、申請書に記載する危険物の品名、数量及び指定数量の倍数は許可申請に伴う届出事項で、許可対象事項ではない。

　よって、許可申請時に届け出た危険物又は法第11条の4(変更の届出)により届け出た危険物と異なる品名の危険物の貯蔵又は取扱いをした場合や、届け出た数量又は指定数量の倍数を超えて貯蔵又は取扱いをした場合は、法第11条第1項違反ではなく、危政令第24条第1号による法第10条第3項違反となる。

2 法第10条第3項違反は両罰規定(法第45条)の適用があるが、両罰規定とは、法人の代表者や法人又は人(以下「事業主」という。)の代理人及び使用人、その他従業者が事業主の業務に関し行政上の義務に違反した場合に行為者を罰するほか、事業主に対しても罰金刑を科するものである。

　事業主がその従業者の違反行為について罰せられるのは、事業主が従業者に代わって責任を負うものでなく、違反があった事実に対しての監督不行届について事業主自身の責任が問われるものである。

5 移動タンク貯蔵所の荷卸ろし作業中の漏洩事故

> 　移動タンク貯蔵所（タンクローリー）の運転手A（危険物取扱者）は、給油取扱所への荷卸ろしの際、給油取扱所の従業員B（危険物取扱者）の立会いを求め荷卸ろし作業を開始した。
> 　立会人の従業員Bの指示通りに指定された量を、自分で地下タンクの残油量の確認をすることなく注入作業を開始したため過剰注入となり、地下タンク計量口ボックスからガソリン250リットルが漏洩し、そのうち約50リットルが公共下水に流出したものである。なお、従業員Bは地下タンクの残油量を測定した際、ゲージの読み違いをして移動タンク貯蔵所の運転手Aに告げたものである。

〔違反事項の分析〕

　製造所等において、必要な措置を講ずることなく、危険物を漏れ、あふれ等させた場合は、法第10条第3項の危険物の貯蔵、取扱違反となる。

　本事例は、移動タンク貯蔵所の運転手Aが給油取扱所の従業員Bの指示を過信し、残油量の確認をしなかったこと及びBの計量ミス等が重複したことによって発生しており、必要な措置を講じたとは認められず、法第10条第3項（危政令第24条第8号）違反を構成する。したがって、これらの措置を講ずることなく危険物を漏洩させたA及びBに対して措置を行った。

〔違反点数の検討〕

1　移動タンク貯蔵所の運転手A

違反点数	基礎点数					事故点数		合計
	項	2項	項	項	小計	災害	人身	
点数		4			4	6		10

※違反内容は2項の「貯蔵及び取扱いの基準違反」4点に該当する。
※事故点数は、「事故の程度が大」6点に該当する。
　（事故点数の決定については、p.17〜19を参照）

2　給油取扱所の従業員Ｂ

違反点数	基礎点数					事故点数		合計
	項	2項	項	項	小計	災害	人身	
点数		4			4	6		10

※違反内容は2項の「貯蔵及び取扱いの基準違反」4点に該当する。
※事故点数は、「事故の程度が大」6点に該当する。
　（事故点数の決定については、p.17～19を参照）

【行政対応等】
1　関係者から供述の録取及び実況見分調書の作成
2　移動タンク貯蔵所の危険物取扱者Ａ及び給油取扱所の危険物取扱者Ｂに対して、「違反事項通知書」の交付
3　法人（移動タンク貯蔵所の会社及び給油取扱所の会社）に対して、違反再発防止の「警告書」の交付及び「違反再発防止対策書」の徴収

【留意事項】
1　製造所等の危険物施設における危険物の貯蔵又は取扱いに関しては、法第10条第3項の規定に基づき危険物の規制に関する政令第4章（危政令第24条から危政令第27条まで）に技術上の基準が定められている。
2　法第10条第3項（危政令第24条第8号）は、製造所等において危険物を貯蔵又は取り扱う場合は危険物の漏れ・あふれ又は飛散しないように義務付けした実体規定であり、法第10条第3項に違反した行為者そのものが違反者であるとともに、法人等に対して罰則規定（法第45条）の適用がある。
3　250リットルが漏洩し、そのうち50リットルが公共下水に流出したことを証する計算又は実況見分調書の作成が必要となる。

⑥副工場長が許可品名以外の危険物取扱違反を容認

> Ａ製薬株式会社の副工場長兼危険物保安監督者Ｂは、部下（無資格者）が自社の危険物製造所において、許可品名以外の危険物を取り扱っていることを知りながらその行為を黙認していた。

〔違反事項の分析〕

　危険物の貯蔵・取扱基準である法第10条第3項、すなわち危政令第24条第1号の規定は、製造所等において許可品名以外の危険物の貯蔵・取扱いを禁止するものである以上、その製造所等の設備等の変更を要すると否とにかかわらず、本規定の適用を受け法第10条第3項違反を構成する。

　なお、この違反に関与した者は、部下及び副工場長兼危険物保安監督者Ｂであるが、部下は無資格者であることからＢのみに対して措置を行った。

〔違反点数の検討〕

違反点数	基礎点数					事故点数		合計
	項	2項	項	項	小計	災害	人身	
	点数	4			4			4

※違反内容は2項の「貯蔵及び取扱いの基準違反」4点に該当する。

〔行政対応等〕

1　関係者から供述の録取及び実況見分調書の作成
2　危険物保安監督者(危険物取扱者)Ｂに対して、「違反事項通知書」の交付
3　法人に対して、違反再発防止の「警告書」の交付及び「違反再発防止対策書」の徴収

〔留意事項〕

1　副工場長であるＢを措置する場合は、部下と如何なる共犯関係にあるかを考察する必要がある。
　本事例は、事前に共同実行の意思の連絡がなく、共同正犯は成立せず、実行行為以外の行為をもって援助し、違反行為を容易にさせていることから、従犯（幇助犯）が成立する。

なお、不作為による従犯が成立するためには、他人の犯罪行為を認識しながら、法律上の義務に違背し、自己の不作為によってその実行を容易ならしめることによって成立することから、この点を供述録取のポイントとする必要がある。
2 　製造所等において行う危険物の貯蔵又は取扱いが法第10条第3項の規定に違反していると認められる場合は、危険物の貯蔵取扱基準遵守命令（法第11条の5第1項）ができるが、法第11条の5第1項には罰則の担保がない。しかし、法第11条の5第1項の命令に違反した場合は製造所等の使用停止命令（法第12条の2第2項第1号）の対象となり、命令違反には罰則が規定されている。
3 　法第10条第3項違反の具体的な内容としては、危険物の貯蔵又は取扱いの技術上の基準として危政令第4章の第24条から第27条までの規定がある。よって、法第10条第3項違反の事実があれば、その原因の如何を問わず危険物の貯蔵取扱基準遵守命令（法第11条の5第1項）ができる。法第11条の5第1項の措置命令としては、例えば、許可数量を超える危険物や許可品名以外の危険物を貯蔵している製造所等の関係者に対して、許可数量を超える危険物あるいは許可品名以外の危険物の除去を命ずる措置などがある。

7 給油取扱所における無許可変更

　給油取扱所を経営するＡ石油株式会社の代表取締役兼営業所長であるＢ（危険物取扱者）は、以前から給油取扱所敷地内にある排水溝２本のうち１本の排水があまり良くないので、たまたま休日が続いたある日、排水溝のうち１本を撤去（埋め戻）したものである。
　後日、消防の立入検査により判明した。

[違反事項の分析]

　給油取扱所において、位置、構造、設備を変更する場合は、法第11条第１項本文後段の規定による変更許可の手続きを要するものである。
　本事例にかかわる排水溝の撤去については、設備の変更に該当するので変更許可を受け工事に着手しなければならないものであるが、これを怠って撤去した場合は法第11条第１項違反を構成する。
　よって、無許可変更の違反の主体である代表取締役兼営業所長Ｂに対して措置を行った。
　なお、排水溝の撤去は直接、火災発生危険を増加させるものでないことから、無許可変更違反のうち、「その他のもの」（火災発生等危険性の大なもの以外）とした。

【違反点数の検討】

違反点数	基礎点数					事故点数		合計
	項	4項	項	項	小計	災害	人身	
点数		3			3			3

※違反内容は4項の「製造所等の無許可変更（その他のもの）」3点に該当する。

【行政対応等】

1　関係者から供述の録取及び実況見分調書の作成
2　危険物取扱者Bに対して、「違反事項通知書」の交付
3　法人に対して、違反再発防止の「警告書」の交付

【留意事項】

1　製造所等の位置、構造及び設備を変更しようとするときは、原則として新規設置の場合と同様、許可及び検査の手続きを経なければならない。
　　しかし、「変更」がどの程度のものかの基準は法文上明確でないことから、「製造所等において行われる変更工事に係る取扱いについて（平成14年3月29日消防危第49号消防庁危険物保安室長）」により現在、変更の許可を要しないもので「資料等による確認を要する変更工事（確認の結果、軽微な変更工事として許可を要しない場合もあるもの）」及び「軽微な変更工事のうち、資料等による確認を要しないもの」について基準を定め運用している。
2　法第11条第1項違反は、「故意」により行われることが多いが、違反に至る経過、指示・命令関係等を関係者から供述録取し、違反者の特定を行うとともに、共犯者等についても特定する。
3　無許可変更した部分が法第10条第4項の基準に適合している場合と適合していない場合とがあり、適合している場合は手続き違反として法第11条第1項違反のみを構成するもので、適合していない場合は、法第11条第1項違反のほか危険物施設の維持管理違反（法第12条第1項）も構成するが、今回の排水溝1本を埋め戻ししても、他の1本が機能しているため、法第10条第4項の基準には適合していた。

8 移動タンク貯蔵所の無許可変更

> 工事現場の土木工事関連重機車両の燃料としての軽油を販売しているＡ商事株式会社営業課長Ｂ（危険物取扱者）は、自社で使用している移動タンク貯蔵所（４キロリットル）のエンジンが不調なので責任者である取締役社長Ｃ（危険物取扱者）に報告したら、中古の車両を購入してタンクを積み替えたら安くできるとの指示があった。このため、営業課長Ｂは自ら中古の車両を購入し、タンクを積み替えて移動タンク貯蔵所として使用していたものであるが、消防の立入検査の際に許可書との相違から違反を発見されたものである。さらにこの移動タンク貯蔵所は、定期点検を１年以上怠っていた事実も発覚した。

違反事項の分析

1 移動タンク貯蔵所に係る車両を他の車両に積み替える場合は、法第11条第１項の規定に基づき変更許可を受けなければならない。しかし、本事例では、当該貯蔵所に係る車両をエンジン不調として許可を受けないで変更していることから、無許可変更となり法第11条第１項違反となる。また、移動タンク貯蔵所に係る定期点検は、法第10条第４項の基準に適合しているかを年１回以上実施し、この記録を保存することになっているが、本事例では点検実施していないということから、点検未実施として法第14条の３の２違反となる。

2 無許可変更及び定期点検未実施に係る違反の主体は関係者である取締役社長Ｃであるが、無許可変更に係る違反については、Ｃと営業課長Ｂが共謀したことから、両者に対して措置を行った。

違反点数の検討

1 取締役社長Ｃ

違反点数	基礎点数				事故点数		合計
	項	4項	26項	項	小計	災害	人身	
	点数	3	4		7			7

※違反内容は4項の「製造所等の無許可変更」3点に該当する。
※違反内容は26項の「定期点検義務違反（定期点検未実施）」4点に該当する。

2 営業課長B

違反点数	基　礎　点　数					事　故　点　数		合　計
	項	4項	項	項	小計	災害	人身	
点数		3			3			3

※違反内容は4項の「製造所等の無許可変更」3点に該当する。

[行政対応等]

1　関係者から供述の録取及び実況見分調書の作成
2　危険物取扱者B及びCに対して、「違反事項通知書」の交付
3　法人に対して、違反再発防止の「警告書」の交付及び「違反再発防止対策書又は改修報告書」の徴収

[留意事項]

1　定期点検未実施については、違反の主体は危険物施設の関係者が該当することから、取締役社長Cである。ただし、会社の内規等で定期点検の実施について営業課長Bが委任されている場合はBも違反の主体になることがあるので、関係者から供述を録取し営業課長についても、検討することが必要である。
2　製造所等の無許可変更についての違反の主体は、原則として製造所等を設置（変更）しようとする者であるから、違反者はCであるが、BとCの共謀があるので両者共措置の対象となる。
　　したがって、両者の共謀の事実を供述調書に録取することが必要である。

⑨自家用給油取扱所の無許可変更

> A運輸株式会社の代表取締役兼危険物保安監督者Bは、業務の必要性から、許可施設である自家用給油取扱所の敷地内にウォールタンク（エンジンオイル・第四類第4石油類1,440リットル）を無許可で設置して使用していた。なお、この設備の納入業者は消防署等の許可が不要であるとの説明をしていた。

【違反事項の分析】

　　危険物許可施設において、施設の位置、構造又は設備を変更しようとする関係者は事前に許可を受けなければならないことから、無許可で危険物施設の設置・変更工事等をした場合は、無許可変更となり、法第11条第1項違反となる。

　　本事例では自家用給油取扱所の敷地内にウォールタンクを許可を受けないで設置したものである。

　　なお、違反の主体である代表取締役兼危険物保安監督者Bに対して措置を行った。

【違反点数の検討】

違反点数	基　礎　点　数				事　故　点　数		合　計
	項	4項	項	項	小計	災　害	人　身	
点数		3			3			3

※違反内容は4項の「製造所等の無許可変更」3点に該当する。

【行政対応等】

　1　関係者から供述の録取及び実況見分調書の作成
　2　危険物保安監督者(危険物取扱者)Bに対して、「違反事項通知書」の交付
　3　法人に対して、違反再発防止の「警告書」の交付及び「違反再発防止対策書」の徴収

【留意事項】

　1　法第11条1項の違反者は、製造所等を設置又は変更しようとする者であ

り、身分犯である。したがって、従業員が勝手に製造所等を変更したような場合は当該従業員は本違反の主体となることはない。
2 　無許可変更の主体は原則として設置者であるが、職制上又は具体的な委任等によって危険物許可施設の位置、構造、設備の変更を任されている者も、その主体となり得る場合もあるので指示・命令等についても違反調査を実施することが必要である。
　　位置・構造又は設備を変更しようとする者は、製造所等の設置の許可を受けた者と同一であることが一般的である。
3 　なお、途中で許可施設を譲渡、引渡しを受けた場合は譲渡等を受けた者が許可を受けた者の地位を継承することとなる。製造所、貯蔵所又は取扱所の譲渡、引渡しがあったときとは、具体的には相続、贈与、売買、賃貸借等が考えられる。

10 一般取扱所における位置、構造及び設備の基準維持義務違反

> 危険物取扱者Aは、I工業株式会社の営繕課長として、耐火造5／1の地下1階に設置された一般取扱所（ボイラー消費）の維持管理及び施設全般の改修を業務として担当しているが、夏期を前にして、冷房用の空調ダクトを新設するため、無許可で当該ボイラー室の区画壁の一部を撤去し、隣接する空調機械室から区画を貫通して空調ダクトを設けたものである。

違反事項の分析

1　法第11条第1項には「製造所、貯蔵所又は取扱所を設置しようとする者は、……製造所、貯蔵所又は取扱所ごとに、……許可を受けなければならない。製造所、貯蔵所又は取扱所の位置、構造又は設備を変更しようとする者も、同様とする。」と規定されており、この「変更しようとする者」とは、変更について権限を有する者、すなわち、変更を正当に行い得るものであることが必要であるから一般的には設置者と解すべきである。

　したがって、設置者が自ら無許可で製造所等の位置、構造、設備を変更した場合は法第11条第1項違反を構成することは明らかであるが、従業員が設置者の命を受け変更したときは、共犯関係が成立して設置者とともに違反を構成する場合がある。本事例の場合、営繕課長兼危険物取扱者Aが、設置者から施設全般の維持管理及び改修に関する一切の権限を任されて一般取扱所の維持管理及び空調設備の改修を行っているのであるから、Aは、設置者と共犯関係にあるものとして法第11条第1項違反を構成する。

2　法第12条第1項は「……所有者、管理者又は占有者は、……位置、構造及び設備が第10条第4項の技術上の基準に適合するよう維持しなければならない。」と規定しており、製造所等の基準維持義務者は所有者等であるが、本事例においては設置者の補助としてAが法第10条第4項の基準維持業務を行っているのであるから、設置者の共犯関係にあるものとして法第12条第1項違反を構成する。

　このため、設置者及びAに対して措置を検討したが、設置者については無資格者であったことからAのみに対して措置を行った。

違反点数の検討

違反点数	基礎点数				事故点数		合計
	項	4項	9項	項	小計	災害	人身	
点数		8	4		12			12

※違反内容は4項の「製造所等の無許可変更（火災発生等危険性の大なもの）」8点に該当する。

※違反内容は9項の「製造所等の位置、構造及び設備の技術上の基準維持義務違反（火災発生等危険性の大なもの）」4点に該当する。

行政対応等

1　関係者から供述の録取及び実況見分調書の作成
2　危険物取扱者Aに対して、「違反事項通知書」の交付
3　法人に対して、違反再発防止の「警告書」の交付及び「改修報告書」の徴収

留意事項

　従業員すなわち危険物取扱者を法第11条第1項違反として措置を行う場合には、措置者の権限である変更許可申請を行うべき立場にあったか否かが重要となる。また、措置を行うに当たっては違反に至る経過、関係者の関与状況、法令違反に対する認識度等を供述調書等により聴取して明らかにするとともに、事業所における社内体制等に問題が認められる場合には、違反の再発防止を意図した警告書の交付を行い、関係者の認識を改めさせる必要がある。

11 給油取扱所における位置、構造及び設備の基準維持義務違反

　危険物取扱者Aは、S石油株式会社T給油取扱所の代表取締役兼危険物保安監督者であるが、同給油取扱所に設置された2か所の油分離槽のうち1か所を無許可で撤去し、同分離槽に流れ込む油類及び油類を含んだ排水と生活排水を流すための汚水用マンホールを新たに設けて同施設外の排水溝に接続し、油類及び油類を含んだ排水を生活排水とともに直接同施設外に流出させていたものである。

〔違反事項の分析〕

1　油分離槽を設置したり、撤去したりする行為は許可を要するものであり、これを怠ってなしたものは無許可変更となり法第11条第1項違反となる。
　　本事例では、T給油取扱所に設置されている2か所の油分離槽のうち1か所を許可を受けないで撤去していることから無許可変更となる。
2　関係者は、法で定める技術上の基準に従って危険物製造所等の施設を設置し維持する義務があり、これを怠った場合は基準の維持管理義務違反となる。
　　本事例では、基準に従って設置されている油分離槽、排水溝を変更し給油取扱所の油を直接公共の下水溝等へ流出させる構造にしたことは、無許可変更違反であり、かつ、維持管理義務違反となる。したがって、代表取締役兼危険物保安監督者Aに対して措置を行った。

違反点数の検討

違反点数	基礎点数				事故点数		合計
	項	4項	9項	項	小計	災害	人身	
点数		3	3		6			6

※違反内容は4項の「製造所等の無許可変更」3点に該当する。
※違反内容は9項の「製造所等の位置、構造及び設備の技術上の基準維持義務違反」3点に該当する。

行政対応等

1　関係者から供述の録取及び実況見分調書の作成
2　危険物保安監督者(危険物取扱者)Aに対して、「違反事項通知書」の交付
3　法人に対して、「警告書」の交付及び「改修報告書」の徴収

留意事項

　　法第12条第1項は、「……所有者、管理者又は占有者は、……位置、構造及び設備が第10条第4項の技術上の基準に適合するように維持しなければならない。」と規定しており、所有者、管理者又は占有者は製造所等を法第10条第4項の技術上の基準に適合するよう維持管理する義務を負っているものである。
　　また、給油取扱所の技術上の基準を定めた危険物の規制に関する政令第17条第1項第5号では、「……漏れた危険物及び可燃性の蒸気が滞留せず、かつ、当該危険物その他の液体が……流出しないように総務省令で定める措置を講ずること。」と規定しており、本事例のごとく油分離槽を撤去し、汚水用マンホールを設けて施設外の排水溝に接続し、漏れた危険物等の液体が給油取扱所の給油空地及び注油空地以外の部分に流出する構造とすることは、法第10条第4項の技術上の基準に適合しているとは言えず、法第12条第1項違反を構成する。

12 移動タンク貯蔵所の定期点検実施義務違反

　危険物取扱者Aは、F運輸株式会社において冬季の期間のみ移動タンク貯蔵所の運転手として危険物の移送を行っている者であるが、走行中の移動タンク貯蔵所の立入検査を受けた際に定期点検未実施を指摘された。
　なお、違反調査をした結果、F運輸株式会社では、営業課長である危険物取扱者Bが、移動タンク貯蔵所の定期点検を行うよう社内規定により権限を委譲されており、その責任を有していることが判明した。

[違反事項の分析]

　法第14条の3の2には、「政令で定める製造所、貯蔵所又は取扱所の所有者、管理者又は占有者は、……定期に点検し、その点検記録を作成し、これを保存しなければならない。」と規定されているとおり、定期点検義務者は関係者であるが、関係者自らが点検を行わなければならないものではなく、従業員又は危険物取扱者に下命して行わせることを妨げるものではない。
　したがって、危険物取扱者が関係者の行うべき定期点検を行うよう社内規定等において権限を委譲され、定期点検を行うべき立場にありながらその責任を果たさず、定期点検を実施していなかった場合は、当該危険物取扱者を違反者として措置することが可能である。
　本事例の場合、冬季の期間のみ移動タンク貯蔵所の運行を行っている運転

手Aは、移動タンク貯蔵所の運行のみに対して責任を有しているだけであり、所有者、管理者、占有者から定期点検を行うよう下命を受けていないため、違反者としてとらえることは妥当とはいえず、違反者は、営業課長として移動タンク貯蔵所の定期点検を行うべき責任を負っているBに対して措置を行った。

(違反点数の検討)

違反点数	基　礎　点　数					事　故　点　数		合　計
	項	26項	項	項	小計	災害	人身	
点数		4			4			4

※違反内容は、26項の「定期点検義務違反（定期点検未実施）」4点に該当する。

(行政対応等)

1　関係者から供述の録取

2　危険物取扱者Bに対して、「違反事項通知書」の交付

3　法人に対して、違反再発防止の「警告書」の交付

(留意事項)

供述の録取は、運転手A、営業課長B、所有者等から行い、営業課長に定期点検を実施する義務が付与されていることを、各人から録取する必要がある。

この場合、社内規定を任意提出させ供述調書末尾に添付させておく。

13 給油取扱所の定期点検実施義務違反

> 代表取締役社長兼危険物保安監督者Aは、S給油取扱所において、予防規程で自らが給油取扱所の定期点検を行うことを義務付けられているにもかかわらず、前回の定期点検以来1年以上点検を実施していなかったもの。

違反事項の分析

　法第14条の3の2における定期点検義務者は、所有者、管理者、占有者である。製造所等の所有者等が点検責任を負っているという意であって、所有者等が自らの従業者以外の者に実際の点検作業を委託することは可能である。その下命を受けた者を違反者としてとらえ、措置できるかは事案により検討する必要がある。本事例の場合、代表取締役社長兼危険物保安監督者のAが、S給油取扱所の予防規程の中で、同施設の定期点検を行うものと義務付けられているにもかかわらず、その業務を怠り定期点検を行っていないので、定期点検義務違反（法第14条の3の2）を構成する。なお、定期点検未実施に伴い点検記録保存義務違反が成立した場合であっても、定期点検未実施としてとらえるものである。したがってAに対して措置を行った。

違反点数の検討

違反点数	基礎点数					事故点数		合計
	項	26項	項	項	小計	災害	人身	
点数		4			4			4

※違反内容は26項の「定期点検義務違反（定期点検未実施）」4点に該当する。

行政対応等

1　関係者から供述の録取
2　危険物保安監督者(危険物取扱者)Aに対して、「違反事項通知書」の交付

留意事項

　消防職員の現認による認定事実の真実性については信頼性の高いものの、予防規程等の物証をもって、その裏付けをとることが重要である。

14 一般取扱所の定期点検実施義務違反

> 危険物取扱者Aは、Ｉ工業株式会社において使用している一般取扱所（15倍）の管理者として勤務しているものであるが、同社の内規により同取扱所の定期点検を行うよう義務付けられていたにもかかわらず、その業務を怠り2年前から全く点検を実施せず、記録も保存していなかったものである。

違反事項の分析

　本事例の場合、定期点検義務者は、所有者、管理者、占有者であり、社内規定等において点検実施者が明記され、危険物取扱者がその命を受けている場合は、危険物取扱者を違反者としてとらえ措置を行うことができる。本事例の場合、危険物取扱者Aが、Ｉ工業株式会社の社内規定により一般取扱所の定期点検は同所の管理者であるAが行うよう下命されていたにもかかわらず、2年間全く点検を実施していなかったので、定期点検義務違反（法第14条の3の2）を構成する。したがって、管理者であるAに対し措置を行った。

違反点数の検討

違反点数	基礎点数				事故点数		合計
	項	26項	項	項	小計	災害	人身	
	点数	4			4			4

※違反内容は26項の「定期点検義務違反（定期点検未実施）」4点に該当する。

行政対応等

1　関係者から供述の録取
2　危険物取扱者Aに対して、「違反事項通知書」の交付
3　法人に対して、違反再発防止の「警告書」の交付

留意事項

　点検実施者が明確に規定されていない場合は、関係者から実態上点検実施者は誰になっているのか聴取し、違反者を特定した上で措置を検討する。

15 保安講習受講義務違反（No.1）

※平成23年の改正に基づいた内容です。

> 危険物取扱者Aは、昭和58年8月危険物取扱者乙種第四類の資格を取得したが、その後危険物を取り扱うこともなかった。平成11年4月からO給油取扱所に勤務と同時に危険物の取扱いを開始し、1年以上経過したが保安講習を受講しないまま危険物取扱業務を続けていたため、消防署の立入検査で保安講習未受講を指摘されたものである。

【違反事項の分析】

　　危険物取扱者が製造所等において危険物の取扱いを継続して行っている場合は、免状の交付を受けた日又は前回保安講習を受けた日以後における最初の4月1日から3年以内に講習を受ければよいが、免状交付後危険物を取り扱っていなかった場合又は一時危険物の取扱いを中断し、その後再度危険物の取扱いを開始した場合は、取扱作業に従事することとなった日から1年以内に講習を受けなければならない（危規則第58条の14）。

　　本事例の場合、危険物取扱者Aが、平成11年4月から危険物の取扱いを開始したにもかかわらず、取扱いを開始することとなった日から1年以内に保安講習を受講していないので、法第13条の23違反を構成する。

　　したがって、Aに対して措置を行った。

【違反点数の検討】

違反点数	基礎点数				事故点数		合計
	項	19項	項	項	小計	災害	人身	
	点数		4			4			4

※違反内容は19項の「保安講習未受講」4点に該当する。

【行政対応等】

　　危険物取扱者Aに対して、「違反事項通知書」の交付

【留意事項】

　　措置を行う場合は、取扱いの開始時期を勤務表及び質問等により確認をする必要がある。

16 保安講習受講義務違反（No.2）

※平成23年の改正に基づいた内容です。

> 危険物取扱者Aは、平成21年7月に危険物取扱者免状を取得し、取得から1年半後の平成22年12月にS給油取扱所に就職。同時に危険物の取扱いを開始したが、免状の交付を受けた日以後における最初の4月1日から3年を経過した平成25年4月以降も、保安講習を受講しないまま、危険物取扱業務を続けていたもの。

違反事項の分析

　　危険物取扱者Aが、免状取得後2年以内に危険物の取扱いを開始したにもかかわらず、免状の交付を受けた日以後における最初の4月1日から3年を経過しても保安講習を受講していないことは法第13条の23違反を構成する。
　　したがって、Aに対し措置を行った。

違反点数の検討

違反点数	基礎点数					事故点数		合計
	項	19項	項	項	小計	災害	人身	
点数		4			4			4

※違反内容は19項の「保安講習未受講」4点に該当する。

行政対応等

　　危険物取扱者Aに対して、「違反事項通知書」の交付

留意事項

　　危規則第58条の14では、危険物の取扱作業に従事することとなった日から1年以内に講習を受けなければならないとされている。ただし、本事例のように、取扱作業に従事することとなった日から2年以内に免状の交付を受けている場合は、免状の交付を受けた日以後における最初の4月1日から3年以内に講習を受ければよいこととされているので注意を要する。

17 給油取扱所における無資格者による危険物の取扱い（No.1）

　危険物取扱者Ａ（乙種第四類）は、Ｓ給油取扱所の所長兼危険物保安監督者であるが、毎月定例的に行われている本社の所長会議に出席するため、当日、同給油取扱所の危険物取扱者が自分以外にいないにもかかわらず、営業を中止することなく無資格者のアルバイト従業員ＢとＣに対し、「本社に行って来るから後を頼む。」と言い残して出掛けた。その後、無資格者の２人は、給油に来た車十数台に対しガソリンを給油していたが、立入検査に訪れた消防職員に、２人が車に給油しているのを現認されたものである。

違反事項の分析

　製造所等における危険物の無資格取扱違反は、本来、甲種危険物取扱者又は乙種危険物取扱者の立会いなしに、危険物を取り扱った実行行為者そのものが責めを負うべき違反であるが、危険物取扱者が無資格者に指示して故意に危険物を取り扱わせたような場合又は無資格者の危険物取扱いが予想し得たにもかかわらず容認して危険物を取り扱わせたような場合に、共犯関係にあるものとして措置を行うことが可能である。

　本事例の場合、危険物取扱者でない従業員２人が甲種危険物取扱者又は乙種危険物取扱者の立会いなしに車にガソリンを給油し、危険物を取り扱ったことは無資格者の危険物取扱違反（法第13条第３項）を構成する。

17 給油取扱所における無資格者による危険物の取扱い（No.1） 63

　所長兼危険物保安監督者Aは有資格者が不在時になる場合は営業を中止すべきであるのに無資格者の従業員2人に給油取扱所の業務を任せて外出したことは、無資格者の危険物取扱いを容認したものととらえAを法第13条第3項違反として措置を行った。

【違反点数の検討】

違反点数	基礎点数					事故点数		合計
	項	18項	項	項	小計	災害	人身	
	点数	8			8			8

※違反内容は18項の「資格外危険物の取扱い」8点に該当する。

【行政対応等】
1　関係者から供述の録取及び実況見分調書の作成
2　危険物保安監督者（危険物取扱者）Aに対して、「違反事項通知書」の交付
3　法人に対して、違反再発防止の「警告書」の交付及び「違反再発防止対策書」の徴収
4　アルバイト従業員B・Cから始末書の徴収

【留意事項】
1　無資格者の危険物取扱違反を現認した場合は、危険物を取り扱った裏付けとなる伝票等証拠資料の収集を行うほか、速やかに供述調書等を録取し、違反事実の立証をすることが重要である。
　違反調査時における供述調書の作成は、実行行為者及び危険物取扱者間における指示命令の状況及び内心等共謀の事実を詳細に録取するとともに関係者の供述の整合を期しておくことが、共犯関係の立証に必要である。
2　法第13条第3項は「……危険物取扱者以外の者は、甲種危険物取扱者又は乙種危険物取扱者が立ち会わなければ、危険物を取り扱ってはならない。」と規定しており、これに違反した場合は「6月以下の懲役又は50万円以下の罰金」が科せられる。

18 給油取扱所における無資格者による危険物の取扱い（No.2）

> 　危険物保安監督者兼危険物取扱者（乙種第四類）Ａは、危険物取扱者（丙種）Ｂと無資格者のアルバイト従業員ＣにＹ給油取扱所の営業を任せたまま集金に出掛けた。その後Ｂは、次第に車が混んできたため、アルバイトのＣにも給油を行うよう指示して、10台の車両にガソリン及び軽油を給油させて危険物を取り扱わせていたところ、消防署員の立入検査を受け、無資格者の危険物取扱いを現認されたものである。
>
> 　なお、関係者から供述を録取して事実関係を解明した結果、危険物保安監督者ＡがＢとＣに営業を任せ、無資格者Ｃが給油することを予期していたこと、また、ＢとＣはＡから営業を任せられ、Ｂの立会いの下でＣも給油して差し支えないという意味と理解していた内心が判明した。

違反事項の分析

　危険物取扱者でない従業員Ｃが、甲種危険物取扱者又は乙種危険物取扱者の立会いなしに危険物を取り扱ったことは無資格者の危険物取扱違反（法第13条第3項）を構成する。

　また、Ｂは自らが丙種危険物取扱者であり、無資格者の危険物取り扱いに立ち会うことができないにもかかわらず、無資格者のＣに指示して危険物を取り扱わせたことは、法第13条第3項違反を構成する。

　危険物保安監督者Ａは、無資格者の危険物取扱いに立ち会えるのが自己以外にいないことを認識していながら、無資格者Ｃが給油することを予期して営業を任せて外出した。このことは、無資格者の危険物取扱いを容認（共犯）したものであり、法第13条第3項違反を構成する。

違反点数の検討

1　危険物保安監督者Ａ

違反点数	基　礎　点　数					事　故　点　数		合　計
	項	18項	項	項	小計	災　害	人　身	
点数		8			8			8

※違反内容は18項の「資格外危険物の取扱い」8点に該当する。

2　危険物取扱者B

違反点数	基礎点数					事故点数		合計
	項	18項	項	項	小計	災害	人身	
点数		8			8			8

※違反内容は18項の「資格外危険物の取扱い」8点に該当する。

〔行政対応等〕

1　関係者から供述の録取及び実況見分調書の作成
2　危険物保安監督者（危険物取扱者）A及び危険物取扱者Bに対して、「違反事項通知書」の交付
3　法人に対して、違反再発防止の「警告書」の交付及び「違反再発防止対策書」の徴収
4　アルバイト従業員Cから始末書の徴収

〔留意事項〕

　危険物取扱者以外の者の危険物取扱いに立ち会えるのは、甲種危険物取扱者又は乙種危険物取扱者のみであり、丙種危険物取扱者に許されているのは、ガソリン、灯油、軽油、第3石油類（重油、潤滑油及び引火点130度以上のもの）、第4石油類及び動植物油類を自らが取り扱うことのみである。

　一方、危険物保安監督者Aが、危険物取扱者以外の者の危険物取扱いに立ち会うことができるのは自ら以外にいないにもかかわらず、丙種危険物取扱者及び無資格者に給油取扱所の業務を任せて外出することは、無資格者の取扱いを容認（共犯）していることを供述調書等により録取して立証しておく必要がある。

　また、危険物取扱者Bと無資格者Cからも供述調書で、営業を任せられた意味が「Bの立会いの下Cも給油して差し支えない」と指示されたと認識していたことの内心を録取する必要がある。

19 運搬容器の積載方法不備による転倒流出事故

> 個人経営であるＡ燃料販売店の責任者の妻Ｂ（危険物取扱者）は、灯油が入ったエレファントノズルが付いたままの状態の18リットルポリエチレン容器14個を、荷台に積載し軽トラックで運搬していたところ、自転車が急に飛び出してきたため、急ブレーキをかけた。すると、ロープ等で固定をしていなかったポリエチレン容器４個が転倒し、灯油約20リットルが道路上に流出した。その際、排気筒の熱で火災が発生し、当該軽トラックと付近の住宅２棟が全焼し、さらに、同乗者の従業員Ｃが１週間の入院を要する火傷を負った。また、調査の結果、危険物取扱者Ｂは保安講習も未受講であることが判明した。

違反事項の分析

　法第16条は、「危険物の運搬は、その容器、積載方法及び運搬方法について政令で定める技術上の基準に従ってこれをしなければならない。」としており、技術上の基準に従って危険物を運搬することを義務付けている。本事例は、ポリエチレン容器の蓋をしないで、かつ、同容器の転倒防止措置を講じないまま危険物を運搬した行為は、危政令第29条第１号及び同条第３号の基準違反となり、法第16条違反を構成する。
　したがって、危険物取扱者Ｂに対して措置を行った。

違反点数の検討

違反点数	基礎点数				事故点数		合計
	項	19項	27項	項	小計	災害	人身	
点数		4	4		8	6	8	22

※違反内容は19項の「保安講習未受講」４点に該当する。
※違反内容は27項の「危険物運搬基準違反」４点に該当する。
※事故が発生した場合の違反点数として、車両１台及び住宅２棟が全焼していることから「事故の程度が大」６点に該当する。
※火災による火傷者が発生していることから「中等傷（重傷又は軽傷以外のもの）」８点に該当する。（事故点数の決定については、p.17〜19を参照）

行政対応等

1　関係者からの供述の録取及び実況見分調書の作成
2　危険物取扱者Bに対して、「違反事項通知書」の交付
3　A燃料販売店に対して、違反再発防止の「警告書」及び「違反再発防止対策書」の徴収
4　火災調査関係資料（写）の添付
5　違反点数が20点以上であることから、危険物取扱者免状交付知事による「聴聞」の実施
6　「聴聞」の結果、免状返納に該当すると判断した場合、「危険物取扱者免状返納命令」の発動

留意事項

1　危険物の「運搬」とは、車両等の輸送機関又は人力により運搬容器に収納された危険物を一つの場所から他の場所に移動させることをいい、その危険物の量の如何を問わない。
2　危険物の運搬容器については、危政令第28条及び危規則第41条から同第43条に規定され、積載方法については、危政令第29条及び危規則第43条の3から同第46条の2に定められており、また運搬方法については、危政令第30条及び危規則第47条に具体的に定められている。これらの規定のいずれかに違反したときは法第16条の違反が構成される。
3　危政令第29条は、危険物の積載方法を規定している。同条第1号及び危規則第43条の3第1項第1号では、危険物の運搬中には、温度変化の他振動、揺れ等が起きることから、危険物が漏れないよう運搬容器の密封を義務付ける旨を規定している。また、危政令第29条第3号では、危険物を収納した運搬容器が落下し、転倒し、若しくは破損しないように積載することが義務付けられている。

20 18リットルプラスチック容器によるガソリンの運搬基準違反

> 危険物運搬車両の査察を行ったところ、工場経営者A（乙種第四類危険物取扱者）が最大容積18リットルプラスチック容器10個でガソリン計150リットルを運搬していた。Aに事情を聞いたところ、AはB工場及びC工場を所有しており、C工場でガソリンが必要になり、違法と知りつつ、ガソリンの運搬を行ったとのことであった。

違反事項の分析

　危険物の運搬は、運搬に伴う災害防止のために危険物の容器、積載方法及び運搬方法については危政令に定める技術上の基準に従わなければならない（法第16条）。

　ガソリンを運搬する場合の運搬容器については、プラスチック容器ならば最大容積10リットル以下の容器、金属製ドラム缶ならば最大容積250リットル以下の容器等の基準に適合した容器で運搬をしなければならないことになるので、本事例のように、18リットルプラスチック容器でガソリンを運搬したことは、危険物運搬基準違反を構成する（危規則第43条第1項第1号）。

　したがって、危険物取扱者である工場経営者Aに対して措置を行った。

違反点数の検討

違反点数	基礎点数					事故点数		合計
	項	27項	項	項	小計	災害	人身	
点数		4			4			4

※違反内容は27項の「危険物運搬基準違反」4点に該当する。

行政対応等

1　関係者からの供述の録取
2　危険物取扱者Aに対して、「違反事項通知書」の交付
3　法人に対して、違反再発防止の「警告書」の交付及び「違反再発防止対策書」の徴収

(留意事項)

1　危険物の運搬は、運搬に伴う災害防止のために危険物の容器、積載方法及び運搬方法については危政令及び危規則に定められた技術上の基準に従わなければならない（法第16条）。

　今回の事例のような危険物運搬容器の最大容積の基準については、下記の要領で特定することができる。

(1)　危険等級を特定する（危規則第39条の2）。

　　　例　危険等級Ⅱ　　　ガソリン
　　　　　危険等級Ⅲ　　　灯油
　　　　　　　　　　　　　軽油

(2)　固体の危険物を収納するものは、危規則別表第3
　　　液体の危険物を収納するものは、危規則別表第3の2

により適応する運搬容器の最大容積を特定する。

【運搬容器の最大容積】

	ガソリン	灯油・軽油
金属製容器 （金属製ドラムを除く）	60リットル	60リットル
プラスチック容器 （プラスチックドラムを除く）	10リットル	30リットル
金属製ドラム （天板固定式のもの）	250リットル	250リットル
金属製ドラム （天板取外し式のもの）	250リットル	250リットル

2　今回の事例で運搬されたガソリンは、危規則第39条の2（危険物の区分）により「危険等級Ⅱ」に該当する。

　よって、ガソリンをプラスチック容器で運搬する場合、最大容積10リットルまでの容器でなくてはならないので、最大容積18リットルのプラスチック容器でガソリンの運搬をしたことは運搬容器の最大容積違反（法第16条、危政令第28条、危規則第43条）を構成する。

3　乗用車等の専ら乗用の用に供する車両（普通乗用車、乗用の用に供する車室内に貨物の用に供する部分を有するステーションワゴン又はライトバン、自動二輪車及び原動機付自転車）でガソリンを運搬する場合は、最大容積22リットル以下の金属製ドラム（天板固定式）又は金属製容器（携行缶等）若しくは最大容積10リットル以下のプラスチック容器（プラスチックドラムを除く）としなければならない。（危規則第43条第2項及び危険物の規則に関する技術上の基準の細目を定める告示第68条の4）

4　今回のような事例では、どこでガソリンをプラスチック容器に注入したかにも着目する必要がある。

　製造所等において危険物を容器に詰め替える基準は、危政令第27条第3項第1号に規定され、さらに危規則第39条の3第1項第1号で、「液体の危険物にあっては別表第3の2に定める基準に適合する内装容器」と規定されている。

　したがって、製造所等においてガソリンを最大容積18リットルプラスチック容器に詰め替えた場合は、その行為者等は法第10条第3項違反を構成することとなり、違反調査が必要となる。

21 危険物移送中の移動タンク貯蔵所からの流出事故

　運転手Ａ（危険物取扱者）は移動タンク貯蔵所でガソリン12,000リットルを石油精製工場から届出先へ移送中、車両を橋の欄干に衝突させたためタンクの一部が損傷し、ガソリン1,000リットルを漏洩させた。この事故の際にＡは、消防機関への通報は行ったが、応急措置が不十分だったためガソリンの除去に時間がかかり、道路は長時間通行止めになった。なお、Ａは調査の結果、危険物保安講習未受講であった。また、免状交付知事が管理している「危険物取扱者違反処理台帳」によれば、過去３年以内のその他の違反点数の累計が８点の前歴点数があった。

違反事項の分析

　危険物取扱者は、自分自身が乗車して移動タンク貯蔵所による危険物の移送を行う場合には、移動タンク貯蔵所による危険物の移送に関し政令で定める基準を遵守し、かつ、当該危険物の保安の確保について細心の注意を払わなければならない（法第16条の２第２項）。

　本事例は、運転手の不注意により交通事故を発生させ、タンクの一部が損傷し、ガソリンを漏洩させたことは細心の注意を払っていたとは認められないことから、移動タンク貯蔵所の移送基準違反を構成するものとして、移動タンク貯蔵所の運転手Ａに対して措置を行った。

違反点数の検討

違反点数	基礎点数 項	基礎点数 19項	基礎点数 29項	基礎点数 項	基礎点数 小計	事故点数 災害	事故点数 人身	合計
点数		4	3		7	6		13

※違反内容は19項の「保安講習未受講」４点に該当する。
※違反内容は29項の「移動タンク貯蔵所の移送基準違反」３点に該当する。
※事故点数は、「事故の程度が大」６点に該当する。
　（事故点数の決定については、p.17〜19を参照）

措置点数

今回の違反点数 13点 ＋ 過去3年以内のその他の違反点数の累計 8点 ＝ 措置点数 21点

行政対応等

1 関係者から供述の録取及び実況見分調書の作成
2 危険物取扱者Aに対して、「違反事項通知書」の交付
3 法人に対して、違反再発防止の「警告書」の交付及び「違反再発防止対策書」の徴収
4 措置点数が20点以上であることから、危険物取扱者免状交付知事による「聴聞」の実施
5 「聴聞」の結果、免状返納に該当すると判断した場合、「危険物取扱者免状返納命令」の発動

留意事項

1 危険物の「移送」とは、移動タンク貯蔵所により貯蔵された危険物を一の場所から他の場所に移動させることであり、貯蔵状態の場所的移動あるいは貯蔵状態の連続行為であって、その本質は貯蔵である。
　「移送」には、危険物の量の如何を問わないが、タンクが空状態である場合は、「移送」とはいわない。
2 移送中における危険物の流出事故については、「漏れ、あふれ」等の防止の明文の規定はないが、危険物が流出した場合の引き続く災害の発生を防止するため、関係者等に対して必要な措置を講ずることを義務付けている。よって、必要な措置がとられていない場合は、事故現場を管轄する市町村長（消防署長）は必要な措置をとることを関係者等に命ずることができる（法第16条の3第4項）。
　本事例について、応急措置は不十分ながら実施されていることから、法第16条の3第1項違反までは特定できない。

22 移動タンク貯蔵所の危険物取扱者同乗義務違反

> 走行中の危険物輸送車両の立入検査を実施したところ、灯油2,000リットルを積載した移動タンク貯蔵所をスタンドの従業員Ａ（無資格者）が運転していたのを発見したので、Ａ及びスタンドの社長Ｂ（危険物取扱者）を調査した。Ａは１年前から危険物取扱者試験を数回にわたり受験していたが合格しなかった。しかし、灯油の需要期になったため、２か月前に社長と相談し毎日のように灯油の配達業務を行っていたことが判明した。

【違反事項の分析】

　移動タンク貯蔵所による危険物の移送は、当該危険物を取り扱うことができる危険物取扱者を乗車させてこれを移送しなければならない（法第16条の２第１項）と規定されている。

　危険物の無資格者による移送は、多くは指示した者と指示された者とが存在するのが一般的である。

　本事例の場合も同様に社長Ｂと従業員Ａが相謀り本件違反を実行したものであるので、共謀共同正犯が成立する。

　しかしながら、措置の対象になる者は、免状を所持するスタンドの社長Ｂであるので、Ｂに対して措置を行った。

【違反点数の検討】

違反点数	基　礎　点　数					事　故　点　数		合　計
	項	28項	項	項	小計	災　害	人　身	
点数		5			5			5

※違反内容は28項の「危険物取扱者の不乗車」５点に該当する。

【行政対応等】

　１　関係者から供述の録取及び実況見分調書の作成
　２　危険物取扱者Ｂに対して、「違反事項通知書」の交付
　３　法人に対して、違反再発防止の「警告書」の交付

留意事項

1　移動タンク貯蔵所による無資格者による危険物の移送は、社会公共に与える危険、不安は計りしれないものがあり、主管取締行政庁として看過することはできないものである。

　　したがって、危険物取扱者免状を有する資格者に対しては、本制度に基づく措置を行うとともに、運転者を含めて関係する者に対して、告発等の厳しい措置によって対処することも考慮する必要がある。

　　なお、本事例の場合は、行為者と指示者との関係においては、共犯関係が成立し、いずれも正犯となる。

2　無資格による移送業務をどれくらいの期間継続したのかを把握するため、配送日報又は配達伝票等の写を資料提出させて立証することが必要である。

3　無資格移送は、継続犯及び故意犯であるとともに抽象的危険犯に属すると考えられる。

　　抽象的危険犯とは、法益侵害の具体的危険が発生したか否かを問うことなく、一定の構成要件に該当する行為があれば、それ自体に法益侵害の危険が内在するものとして犯罪が成立するものであり具体的例として、

(1)　危険物の無許可貯蔵取扱い
(2)　危険物の貯蔵取扱基準
(3)　危険物保安監督者未選任
(4)　無資格による危険物の取扱い
(5)　危険物の積載、運搬基準

等がある。

4　共謀共同正犯とは、2人以上の者が一定の犯罪について共謀をしたうえ、その中のある者が実行行為に出れば直接には実行行為に出なかった者も含めて共謀者全員に共同正犯が成立するものをいう。

23 移動タンク貯蔵所の移送中における免状携帯義務違反

　危険物輸送車両の路上一斉査察を行ったところ、A石油運送株式会社の運転手B（危険物取扱者）は、移動タンク貯蔵所で危険物の移送をしているにもかかわらず、免状を携帯していなかった。
　理由を聞くと、たまたま家に忘れてきたとのことであった。なお、A石油運送株式会社では、毎日危険物取扱者免状の確認をしているが、たまたま、その日は本人の説明を信用してそのまま移送業務に従事させていた。

違反事項の分析

　危険物取扱者は、移動タンク貯蔵所に乗車して危険物の移送を行うときは、危険物取扱者免状を携帯していなければならない（法第16条の2第3項）。
　よって、運転手Bが危険物の移送中に危険物取扱者免状を携帯していなかったことは危険物取扱者免状携帯義務（法第16条の2第3項）違反を構成する。
　したがって、移動タンク貯蔵所の運転手Bに対して措置を行った。

違反点数の検討

違反点数	基礎点数					事故点数		合計
	項	30項	項	項	小計	災害	人身	
	点数	4			4			4

※違反内容は30項の「危険物取扱者免状不携帯」4点に該当する。

> 行政対応等

  1　危険物取扱者Bに対して、「違反事項通知書」の交付
  2　法人に対して、違反再発防止の「警告書」の交付

> 留意事項

  1　措置基準第30項「危険物取扱者免状不携帯」の場合、危険物取扱者免状の種類、番号、交付知事等を自宅、会社に連絡し確認しなければならない。
　　さらに、確認した内容を交付知事等に照会し確認することが必要である。
  2　「携帯」とは、直接所持していなくともよいが、直ちにこれを提示することが可能な程度に免状をその占有下においていることを言う（最判昭和33年10月3日刑集12巻14号3,199頁）。
  3　危険物取扱者免状の携帯義務は、当該違反自体は何ら危険性が内在しているわけではないことから一般的には「形式犯」の性質を持っている。「形式犯」とは、ある規定に違反する行為があれば、別段、法益侵害の危険がなくとも成立する犯罪である。
　　具体的事例として
  (1)　防火管理者の選解任届未提出
  (2)　危険物保安監督者の選解任届未提出
  (3)　許可品名外等の危険物の変更未提出
　　等がある。

24 定期点検記録保存義務違反

　地下タンクを有する一般取扱所（灯油の小口販売等）の査察を実施した際、代表取締役Ａは一般取扱所の定期点検を毎年実施していたものの１年前の記録しか保存しておらず、それ以前の記録は廃棄していた。廃棄した理由を確認したところ、今年の点検が全く異常がないことから過去の記録を保存しても意味がないと判断したためとのことであった。

　また、代表取締役Ａは危険物取扱者として危険物の取扱作業に従事していながら、平成８年８月19日以降危険物取扱者保安講習を受講していない事実も判明した。

違反事項の分析

1. 危険物施設等の定期点検は、法第14条の３の２に定められており定期的に点検を実施するとともにその点検の結果を記録保存しなければならない。また、異常がない場合であっても本事例の点検の記録保存の義務は３年間あり、保存期間内は点検結果記録を保存していなければ法第14条の３の２違反が成立する。
2. 危険物の取扱作業に従事している危険物取扱者は、定期的に危険物の取扱作業の保安に関する講習を受講する義務がある。本事例での代表取締役Ａは危険物取扱作業に従事しているにもかかわらず受講期限内に受講していないので、法第13条の23保安講習受講義務違反が成立することになる。
　したがって、Ａに対して措置を行った。

違反点数の検討

違反点数	基礎点数				事故点数		合　計
	項	19項	26項	項	小計	災　害	人　身	
	点数	4	3		7			7

※違反内容は19項の「保安講習未受講」4点に該当する。
※違反内容は26項の「定期点検義務違反（記録保存違反）」3点に該当する。

行政対応等

1　危険物取扱者Aに対して、「違反事項通知書」の交付、違反再発防止の「警告書」の交付及び「違反再発防止対策書」の徴収

留意事項

1　危険物施設等の定期点検の実施及び点検結果の記録・保存義務を負う者は、共犯関係にある場合を除きあくまでも危険物施設の所有者、管理者又は占有者であるので、身分を明確に調査する必要がある。

　また、内規等で点検実施義務者が指定されている場合もある。

　よって、義務違反を発生させた所有者、管理者又は占有者等が危険物取扱者免状を所有していない場合は、危険物取扱者免状返納命令運用基準に基づく措置はできない。

　このような場合は、違反の悪質等の可罰性を吟味して、法第44条を根拠として告発をもって処罰を求めることを検討すべきである。

　また、定期点検の未実施や点検記録の未作成等については、法第12条の2に基づく製造所等の「使用停止命令」の発動が可能である。

2　点検記録の保存期間は屋外貯蔵タンクの内部点検にあっては26年又は30年間、移動貯蔵タンクの漏れの点検にあっては10年間、それ以外の定期点検にあっては3年間である。

25 給油取扱所における完成検査前使用

　消防署員がＡ給油取扱所の変更許可（仮使用の承認は受けていない）に伴う完成検査に出向した際、完成検査が終了していないのに経営者である危険物保安監督者Ｂが自動車に給油行為をしているのを目撃した。当該給油所の変更許可申請者である経営者から事実関係を聴取すると、常連客からどうしてもと強く頼まれ、既に工事が完成していることから安全面に問題がないものと判断して給油行為をしたことを認めた。

[違反事項の分析]

　給油取扱所の設置者は「位置、構造及び設備」を変更する場合に市町村長等の許可を受けるとともに、さらに、施設の完成検査により政令に定める技術上の基準に適合していることを確認されてはじめて使用できるものである。したがって、「変更許可申請」を提出し、申請どおりに工事が完了したとしても完成検査を受けなければその施設は危険物施設として使用できない。

　よって、本事例は、工事が完了していても完成検査を受けることなく使用したことから法第11条第５項の違反を構成する。

　なお、違反の主体は製造所等の設置又は変更の許可を受けた者であることから、経営者兼危険物保安監督者Ｂに対して措置を行った。

【違反点数の検討】

違反点数	基礎点数					事故点数		合計
	項	6項	項	項	小計	災害	人身	
点数		3			3			3

※違反内容は6項の「完成検査前使用（変更後）・（火災発生等危険性の大きなもの以外）」3点に該当する。

【行政対応等】

1　関係者から供述の録取及び実況見分調書の作成
2　危険物保安監督者（危険物取扱者）Bに対して、「違反事項通知書」の交付、違反再発防止の「警告書」の交付及び「違反再発防止対策書」の徴収

【留意事項】

1　製造所等の設置許可（変更許可も同じ）は、危険物施設としての安全基準に適合しているかいないかを書類上で事前チェックし、法第10条第4項基準に適合している場合に設置の許可を与えるに過ぎない。
　　よって、設備等の工事が基準どおり施工されたかどうかは、完成検査を受け検査済証の交付をもって適法な危険物施設として認められ使用できるものである。
2　法第11条第5項の違反は「許可を受けて製造所等の設置又は変更を行った者が、法第10条第4項の基準に適合しているかいないかの完成検査を受ける前に当該施設を使用したこと」である。よって、違反者は、「変更の許可を受けた者」で一般的には身分犯である。
3　「身分犯」とは、身分を有する者が犯罪（違反）行為を行った場合のみ犯罪となり、その身分を有していない者が行った場合は犯罪とはならない。ただし、身分を有しない者でも身分を有する者との共犯関係が成立する場合がある。消防法の中での身分犯、あるいは身分犯的なものとして、①防火管理者の選任届出違反（法第8条）、②製造所等の廃止届出違反（法第12条の6）等があり、防火対象物の関係者や権原を有する関係者のみが犯罪の主体となる場合がこれに当たる。

26 給油取扱所におけるガソリン混入灯油の販売事例

付近の住民から「Aガソリンスタンドから灯油を購入したがガソリンの臭いがする。」との通報があり、調査した結果、A給油取扱所にB石油輸送株式会社の移動タンク貯蔵所の運転手K（危険物取扱者）がガソリンの荷卸ろしをする際、地下タンクの注入口を間違えて灯油の注入口に約200リットルのガソリンを注入しコンタミしたことが判明した。タンクローリーの運転手はすぐにコンタミに気付き当該給油取扱所の所長兼危険物保安監督者であるCに対して混入の事実を通報したが、危険物保安監督者Cは実態を把握することなく安易に微量の混入と判断して灯油の販売を続けた。

また、運転手Kは、ガソリンの荷卸ろしに際して、危険物保安監督者Cに対して荷卸ろしする旨を告げたが、給油取扱所側の立会いはなかった。

※ コンタミ：コンタミネーション（contamination）の略語。「汚染」、「混成」を意味し、ここでは地下タンク等において貯蔵されている危険物とは異なる品名の危険物を注入することをいう。

[違反事項の分析]

1　移動タンク貯蔵所側の違反について

　移動タンク貯蔵所からの荷卸ろしをする際の取扱基準は、危政令第24条、25条、27条にそれぞれ定められているが、本事例は、注入口を間違えたために灯油タンクにガソリンが混入したものであり、危険物を取り扱うときの「作業中の細心の注意」を払ったものとは認められず、よって危政令第31条違反を構成するものとして移動タンク貯蔵所の運転手Kに対して措置を行った。

　なお、ガソリン混入の灯油を販売したことの責任はKまでは及ばない。

2　給油取扱所側の違反について

　A給油取扱所の予防規程では、ローリーからの危険物受入作業時における危険物取扱者の立会い義務と品目の確認及び受入れタンクの残量の確認を行うこととなっている。

しかし、給油取扱所の危険物保安監督者であるCは、自ら立ち会わないとともに、他の危険物取扱者にも立会いの指示を与えていないことから、予防規程遵守義務違反（法第14条の2第4項違反）を構成するものとして、Cに対して措置を行った。

違反点数の検討

1　移動タンク貯蔵所の運転手K

違反点数	基礎点数 項	37項	項	項	小計	事故点数 災害	害	人身	合計
点数		4			4				4

※違反内容は37項の「危険物取扱者の責務違反」4点に該当する。

2　給油取扱所の危険物保安監督者C

違反点数	基礎点数 項	24項	項	項	小計	事故点数 災害	害	人身	合計
点数		2			2				2

※違反内容は24項の「予防規程遵守義務違反」2点に該当する。

行政対応等

1　販売した灯油の回収指導
2　関係者から供述の録取及び実況見分調書の作成
3　移動タンク貯蔵所の危険物取扱者K及び給油取扱所の危険物保安監督者（危険物取扱者）Cに対して、「違反事項通知書」の交付
4　移動タンク貯蔵所及び給油取扱所の法人に対して、違反再発防止の「警告書」の交付及び「違反再発防止対策書」の徴収

留意事項

　過失とは、故意に対する語で一般的には一定の事実を認識すべきであるにもかかわらず、不注意によってこれを認識しないことをいう。
　刑事上は、故意と過失とは厳重に区別され、犯罪が成立するのは原則として故意の場合に限られ、過失者は法律に特別の定めがある場合に限って刑事責任を負うものとされている。

しかし、行政犯については、その性質上、法文に過失犯を罰する旨の明文の規定がなくても過失犯をも罰する趣旨と解すべきであるとした最高裁判所の判例（昭和37年5月4日第2小法廷判決）がある。

27 自家用給油取扱所における危険物の漏洩事故

> 　Ａ倉庫株式会社の自家用給油取扱所で、従業員Ｂ（無資格者）がフォークリフトに給油した際に、給油口に給油ホースが挿入してあるのを忘れフォークリフトを発進させたため、計量機の給油ホースを破損させ、軽油約３リットルが漏洩した。危険物保安監督者Ｃは、給油取扱所直近の事務室におり、直接危険物の給油行為の現場に立ち会っていなかったが、指揮監督できうる範囲内であった。
> 　しかし、普段から従業員等に対して予防規程に定める危険物の取扱いに関する教育等を一切していないことが判明した。

【違反事項の分析】

　無資格者が危険物を取り扱う場合は、危険物取扱者免状所持者が立ち会うこととなっているが、法第13条第３項に規定する「立会い」は、危険物取扱者が危険物の取り扱いの現場にあって、危険物取扱者以外の者に対して保安作業に関し、指揮監督できうる状態をいうものであると解される。（昭和49年１月７日消防予第８号予防課長回答）

　このことから、危険物保安監督者Ｃが指揮監督できうる範囲内であれば、無資格取扱い違反は構成されない。

　しかし、Ｃが予防規程に定める従業員の保安教育を一切実施していないことから、実施すべきＣに対して予防規程遵守義務違反が構成するので、Ｃに対して措置を行う。

　また、Ｂは、必要な措置を怠り、危険物を漏洩させたことから、危政令第24条第１項第８号違反が構成されるが、無資格であることから、措置は行えない。

　なお、予防規程遵守義務違反と、当該漏洩事故に直接の因果関係は認められないことから、事故加点は行わない。

違反点数の検討

違反点数	基　礎　点　数					事 故 点 数		合　計
	項	24項	項	項	小計	災　害	人　身	
点数		2			2			2

※違反内容は24項の「予防規程遵守義務違反」2点に該当する。

行政対応等

1　関係者から供述の録取及び実況見分調書の作成
2　危険物保安監督者(危険物取扱者)Cに対して、「違反事項通知書」の交付
3　法人に対して、違反再発防止の「警告書」の交付及び「違反再発防止対策書」の徴収
4　無資格者Bから始末書の徴収

28 移動タンク貯蔵所の荷卸ろし中の漏洩事故

　株式会社Ａ運輸の従業員Ｂ（危険物取扱者免状所持）は、同社の移動タンク貯蔵所の運転手であるが、ビルの地下にある屋内タンク貯蔵所に5,000リットルの重油を荷卸ろしする際、注入口を間違えて少量危険物貯蔵取扱所（屋内タンク）の注入口に結合し注入したため、当該少量危険物貯蔵取扱所の屋内タンクから重油約1,200リットルが漏洩しボイラー室内の床に流出させた。

違反事項の分析

　移動タンク貯蔵所から危険物施設に荷卸ろしをする際は、危政令第24条から第27条の取扱基準に基づいて作業をしなければならないが、本事例は、荷卸ろしをする際に施設側の関係者の立会いを求め、残量の確認、注入口の確認をする等安全の確保のために必要な措置を怠ったため注入口を間違え、地下にある少量危険物貯蔵取扱所の屋内タンクからオーバーフローさせたものであり、法第10条第3項（危政令第24条第8号）違反を構成するものとして移動タンク貯蔵所の従業員Ｂに対して措置を行った。

違反点数の検討

違反点数	基　礎　点　数					事　故　点　数		合　計
^	項	2項	項	項	小計	災　害	人　身	^
点数		4			4	2		6

※違反内容は2項の「貯蔵及び取扱いの基準違反」4点に該当する。
※事故点数は、「事故の程度が小」2点に該当する。
　（事故点数の決定については、p.17～19を参照）

〔行政対応等〕
1　関係者から供述の録取及び実況見分調書の作成
2　危険物取扱者Bに対して、「違反事項通知書」の交付
3　法人の代表者に対して、違反再発防止の「警告書」の交付及び「違反再発防止対策書」の徴収

〔留意事項〕
1　移動タンク貯蔵所から危険物施設に荷卸ろしの際の危険物流出事故は、ほとんどが、地下タンク又は屋上のタンク等の残量未確認等受入施設側と移動タンク貯蔵所側との相互間の連絡不十分により予定注油量をオーバーして注入し、マンホール、通気管等から「あふれ」させる例がほとんどである。したがって、移動タンク貯蔵所と受入れ施設側との両方で十分な安全確認に努めるような指導をしなければならない。
2　消防法をはじめ刑罰を設けた行政法規については、刑法総則の適用を受け、故意処罰の原則が適用される。
　　しかし、裁判所の判例（最決昭28年3月5日刑集7巻3号506頁）によれば違反行為が通常過失によって行われ、故意に行われるのはむしろ稀である場合には、過失を処罰しなければ規定の存在意義が損なわれることから、その違反の性質上明文の規定がなくとも過失をも処罰し得ることを意味しているとしている。よって、法第10条第3項違反は通常過失によって違反が発生することから本条違反は故意でなくても処罰できるものと解される。

29 移動タンク貯蔵所の荷卸ろし中の漏洩事故（緊結不良）

> 移動タンク貯蔵所の運転手A（危険物取扱者）は、B給油取扱所に軽油の荷卸ろしをする際、軽油地下タンクの注入口に注入ホースを緊結したところ緊結金具のサイズが注入口と一致しないことに気が付いたが、多分漏れないだろうと推測して緊結不十分のままで荷卸ろしを開始した。このため緊結箇所から軽油が約50リットル漏洩した。

【違反事項の分析】

　法第10条第3項の危険物の取扱いの技術上の基準は危政令第24条、第25条及び第27条にそれぞれ定められている。

　危政令第27条第6項第4号イに移動タンク貯蔵所から地下タンクに荷卸ろしをする際には、注入ホースを注入口に緊結することが義務付けられているが、本事例は、注入口に注入ホースを完全に緊結していない状態で荷卸ろし作業を開始したため、危険物を漏洩させたものであり法第10条第3項違反（危政令第27条第6項第4号イ違反）を構成するものとして、移動タンク貯蔵所の運転手Aに対して措置を行った。

　また、給油取扱所での荷卸ろしについては、予防規程で立会い義務が課されている場合が多いことから、予防規程遵守義務違反についても、調査が必要となる。

【違反点数の検討】

違反点数	基礎点数					事故点数		合計
	項	2項	項	項	小計	災害	人身	
点数		4			4	2		6

※違反内容は2項の「貯蔵及び取扱いの基準違反」4点に該当する。
※事故点数は、「事故の程度が小」2点に該当する。

【行政対応等】

1　関係者から供述の録取及び実況見分調書の作成
2　危険物取扱者Aに対して、「違反事項通知書」の交付

3 法人の代表者に対して、違反再発防止の「警告書」の交付及び「違反再発防止対策書」の徴収

[留意事項]
1 移動タンク貯蔵所から地下タンク等に危険物を注入するときは、危険物取扱者は注入ホースを注入口に緊結して注入中のホース離脱及びゆるみによる漏油事故を引き起こさないように配慮する義務がある。
　なお、緊結金具（結合金具）は、真鍮その他摩擦等によって火花を発し難い材料で造らなければならない。
2 結合金具は、突合わせ固定式結合方式とねじ式結合金具が一般的であり、いずれも石油元売り会社によって結合金具のサイズが一致しないことがあることから、それぞれの専用アタッチメント（専用媒介金具）を用意する等十分な注意が必要である。

30 移動タンク貯蔵所の底弁閉鎖不完全

　走行中の移動タンク貯蔵所の一斉立入検査において、ある移動タンク貯蔵所の各槽の底弁閉鎖バルブを検査したところ、第4槽（軽油2,000リットル積載）の底弁閉鎖バルブから軽油がにじみ、漏油していた。そこで、底弁閉鎖バルブを運転者A（危険物取扱者）に確認させると、バルブ「閉」の方向に180°回転し漏油が止まった。

違反事項の分析

　製造所等において、危険物の貯蔵、又は取扱いを行う場合は、法第10条第3項により「政令で定める技術上の基準」によって行われなければならないこととされている。

　当該移動タンク貯蔵所において、タンク内に軽油2,000リットルの入った第4槽の底弁が完全には閉鎖されてなかったという事実は、危政令第26条第1項第7号に定める「移動貯蔵タンク……当該タンクの底弁は、使用時以外は完全に閉鎖しておくこと。」に反する。よって、法第10条第3項（危政令第26条第1項第7号）違反を構成するものとして移動タンク貯蔵所の運転者Aに対して措置を行った。

違反点数の検討

違反点数	基礎点数 項	基礎点数 2項	基礎点数 項	基礎点数 項	基礎点数 小計	事故点数 災害	事故点数 人身	合計
点数		4			4	2		6

※違反内容は2項の「貯蔵及び取扱いの基準違反」4点に該当する。
※事故点数は、「事故の程度が小」2点に該当する。
（事故点数の決定については、p.17〜19を参照）

行政対応等

1　関係者から供述の録取及び実況見分調書の作成
2　危険物取扱者Aに対して、「違反事項通知書」の交付
3　法人の代表者に対して、違反再発防止の「警告書」の交付及び「違反再発防止対策書」の徴収

留意事項

　　法第10条第3項は危険物の貯蔵又は取扱いについては、それが、「製造所、貯蔵所又は取扱所においてする。」ものである限り、指定数量以上か未満かを問わず、本条第3項の適用を受け、「政令で定める技術上の基準に従つてこれをしなければならない。」とされる。

　　政令で定める技術上の「基準」とは、法第10条第3項によって、何人も拘束し、罰則をもって担保された実体規定である（法第43条第1項第1号及び同第2項）。

　　また、両罰規定の適用がある。

31 移動タンク貯蔵所における移送時の免状携帯義務違反

> 　A石油運輸株式会社の従業員Bは、危険物の移送業務に従事しているが、出発の始業点検で危険物取扱者免状を自宅に忘れたことに気付き上司である運行管理課長C（危険物取扱者免状所持）に申告したが、運行管理課長から他の運転者の手配が付かないことから免状不携帯のままで移送するよう指示を受けた。
> 　従業員Bは、違反を認識していたが事故さえ起こさなければ良いと思い移送業務に従事した。

[違反事項の分析]

　移動タンク貯蔵所で、危険物を移送する場合は危険物取扱者免状を所持している者が同乗するか、運転者自らが危険物取扱者免状を所持していることが必要であり、かつ、免状を携帯しなければならない。

　本事例は、従業員Bが危険物取扱者免状不携帯であることを上司である運行管理課長Cが承知したうえでBに危険物取扱者免状不携帯による移送を指示していること。また、指示されたBは免状不携帯が違反であることを十分認識していながら移送に従事していることから、従業員と運行管理課長は免状携帯義務違反に関して共犯関係が成立するものとして、B及びCに対して措置を行った。

[違反点数の検討]

1　従業員B

違反点数	基礎点数				事故点数		合計
	項	30項	項	項	小計	災害	人身	
	点数	4			4			4

※違反内容は30項の「危険物取扱者免状不携帯」4点に該当する。

2　運行管理課長C

違反点数	基礎点数					事故点数		合計
	項	30項	項	項	小計	災害	人身	
	点数	4			4			4

※違反内容は30項の「危険物取扱者免状不携帯」4点に該当する。

[行政対応等]

1　関係者から供述の録取
2　危険物取扱者B及びCに対して、「違反事項通知書」の交付
3　法人の代表者に対して、違反再発防止の「警告書」の交付及び「違反再発防止対策書」の徴収

[留意事項]

1　「共犯」とは一般的には、本来1人の者によって単独に行為することを標準化して規定している犯罪（違反）を2人以上の者が協力し、あるいは関係することによって行うことをいう。
　「共犯」の判例は、「2人以上の者が一体となって同一犯罪事実の実現に向かって協力する現象である。」としている。
2　関係者から録取する供述調書での「共犯」関係を特定するためには次の事項を双方から確認する必要がある。
(1)　違反に至る経過（違反発生の原因）
(2)　違反に至った経過（故意、過失、業務命令、共謀等）
(3)　業務命令の場合は上司等の関与の状況（いつ、何処で、誰から、どのような内容の指示を受けたか、どのような意味と理解したか等）
(4)　違反についての行為者に対する指示命令状況（いつ、どこで、誰に、どのような内容の指示をしたか、どのような意味で指示したのか等）

32 移動タンク貯蔵所の横転流出事故

　　A商事運輸株式会社の移動タンク貯蔵所（4キロリットル）で灯油を移送中の従業員B（危険物取扱者）は、下り坂で法令で定めるスピードをオーバーして運転していたためカーブを曲がり切れずに道路の縁石に乗り上げ車両が横転した。横転した際、タンクの一部に亀裂が入り、灯油約800リットルが道路上に流出した。
　　なお、横転後直ちに、付近にいた人に119番通報を依頼するとともに、灯油拡散防止のための措置を実施した。

違反事項の分析

　　移送とは、移動タンク貯蔵所で危険物を運ぶ行為でありその際の遵守すべき事項は危政令第30条の2に規定されているほかに、移送中の危険物の保安の確保について細心の注意を払い安全に移送する義務がある。
　　本事例は、移送中に下り坂でスピードを出し過ぎ、移動タンク貯蔵所が横転していること等の事実から細心の注意を払っていたとは認められず、よって、従業員Bに対し危険物移送基準違反（法第16条の2第2項）が構成するものとして措置を行った。

【違反点数の検討】

違反点数	基礎点数				事故点数		合　計
	項 29項	項	項	小計	災　害	人　身	
点数	3			3	4		7

※違反内容は29項の「移動タンク貯蔵所の移送基準違反」3点に該当する。
※事故点数は、「事故の程度が中」4点に該当する。
　（事故点数の決定については、p.17～19を参照）

【行政対応等】
1　関係者からの供述の録取及び実況見分調書の作成
2　危険物取扱者Bに対して、「違反事項通知書」の交付
3　法人の代表者に対して、違反再発防止の「警告書」の交付及び「違反再発防止対策書」の徴収

【留意事項】
1　「移送」とは、移動タンク貯蔵所により危険物を運ぶ行為である。危険物を積載した状態で移動タンク貯蔵所を常置させている行為も危険物の移送に該当する。ただし、移動タンク貯蔵所に危険物を収納することなく走行する場合は、移送とはいえないから、法第16条の2第2項の適用はない。
2　流出した灯油については、事故発生地を管轄する市町村長が応急措置命令（法第16条の3）を発動し、引き続く危険物の流出及び拡散の防止、流出した危険物の除去、その他災害の発生防止のための応急措置を講じさせる必要がある。

33 給油取扱所の計量機からドラム缶への小分け作業

> A給油取扱所の所長である危険物保安監督者Bは、石油元売り会社にガソリン1,800リットルを見込みで注文をしたが、見込みが外れ移動タンク貯蔵所から地下タンクに荷卸ろしできなかった。
> Bは、違反であることを十分に認識していたが、石油元売り会社が引き取らないため、固定給油設備からドラム缶9本にガソリンを注入し、後日地下タンクに注入すればよいと判断し、リフト室に2日間貯蔵していた。また、Bには、免状交付知事が管理する「危険物取扱者違反台帳」で3年以内のその他の違反点数の累計が15点あった。

違反事項の分析

給油取扱所は自動車等の燃料タンクに直接給油するため危険物を取り扱うものであり、また、原則として1日の取扱いが指定数量未満の場合のみ自動車等の燃料タンクに直接給油しない小分け行為も認められている。しかし、指定数量以上の小分け行為の場合は、本来の「給油取扱所」としての要件から逸脱する行為として認められないので、ドラム缶9本にガソリン1,800リットルを小分けした行為及び給油取扱所のリフト室に貯蔵した行為は「給油取扱所」として逸脱した行為である。したがって、無許可貯蔵違反（法第10条第1項）が構成されるものとして所長兼危険物保安監督者Bに対し措置を行った。

違反点数の検討

違反点数	基礎点数				事故点数		合計
	項	1項	項	項	小計	災害	人身	
点数		6			6			6

※違反内容は1項の「無許可貯蔵又は取扱い（指定数量の2倍以上10倍未満）」6点に該当する。

措置点数

| 今回の違反点数 6点 | + | 過去3年以内のその他の違反点数の累計 15点 | = | **措置点数 21点** |

行政対応等

1 関係者から供述の録取及び実況見分調書の作成
2 危険物保安監督者(危険物取扱者)Bに対して、「違反事項通知書」の交付
3 法人の代表者に対して、違反再発防止の「警告書」の交付及び「違反再発防止対策書」の徴収
4 違反地知事から免状交付知事に「危険物取扱者違反事項通知書」の通知
5 措置点数が20点以上であることから、危険物取扱者免状交付知事による「聴聞」の実施
6 「聴聞」の結果、免状返納に該当すると判断した場合、「危険物取扱者免状返納命令」の発動

留意事項

危険物貯蔵違反を立証する場合の留意事項

1 危険物の種類の特定(種別、品名は危険物等データーベース登録確認書で確認及び危険物の収去)
2 危険物の量の特定(実測、関係者から在庫帳、入荷伝票等での確認)
3 実況見分の実施(現場図面等)
4 現場写真撮影(全景から危険物が特定できる詳細部分まで及び関係者を含んだ写真)

34 移動タンク貯蔵所の常置場所の無許可変更

　A石油販売株式会社の代表取締役Bは、K給油取扱所に隣接する敷地を常置場所として許可された移動タンク貯蔵所（4キロリットル）を、稼働率が悪いことから灯油の需要が多い同列H給油取扱所に移動させて常設的に使用していた。なお、代表取締役Bは危険物取扱者免状（乙種第四類）を所持している。

違反事項の分析

　移動タンク貯蔵所の常置場所とは、製造所等の位置、構造の基準であるとともにこれを変更する場合は、法第11条の規定に基づき許可申請が必要となる。これを許可なく変更した場合は、無許可変更（法第11条第1項）となる。
　このため、製造所等の無許可変更についての違反の主体は、原則として製造所等を設置（変更）しようとする者であるが、本事例の無許可変更はA石油販売株式会社の代表取締役Bにより行われていることからBに対して措置を行った。

違反点数の検討

違反点数	基礎点数					事故点数		合計
	項	4項	項	項	小計	災害	人身	
点数		3			3			3

※違反内容は4項の「製造所等の無許可変更」3点に該当する。

行政対応等

1 関係者から供述の録取及び実況見分調書の作成
2 危険物取扱者Bに対して、「違反事項通知書」の交付、違反再発防止の「警告書」の交付及び「違反再発防止対策書」の徴収

留意事項

1 移動タンク貯蔵所の「常置場所」とは、移動タンク貯蔵所の本拠となる場所であり、移送等以外の場合は許可された場所にあるのが原則である。許可された常置場所以外に常置されている場合は、常置場所の変更に該当する。なお、常置場所の変更が同一敷地内であった場合は資料提出、同一敷地以外にあっては変更許可申請により処理されることが一般的である。

　常置場所（危政令第15条第1項第1号）は、屋外の防火上安全な場所又は建築物の1階とすることとなっている。

2 給油取扱所敷地の一部を移動タンク貯蔵所の常置場所として使用することはできない。

　ただし、少量危険物貯蔵取扱所であるミニローリーについては、駐車位置を駐車の禁じられている場所以外で、給油又は注油に支障のない安全な場所を確保できる場合に限り常置保管場所とすることができる。

　その場合は、その位置はあらかじめ定め、塗料等をもって区画しておく必要がある。

35 危険物の取扱基準違反により火災が発生

> グラビアインキを製造しているＡインキ株式会社の従業員Ｂ（危険物取扱者免状所持）は、ロール工場（危険物製造所）においてグラビアインキの付着した攪拌釜（1,000リットル容器）の内部を洗浄中、火災を発生させ当工場が焼損（約30㎡・部分焼）し自らも全身に火傷（重傷）を負った。
> この火災の原因は、従業員Ｂが攪拌釜にトルエン（危険物第四類第１石油類）２リットルを入れ、金属性ブラシを使用していたため静電気が発生し、トルエンの蒸気に引火したものであることが判明した。
> なお、従業員Ｂは保安講習未受講であることも判明した。

【違反事項の分析】

危険物貯蔵取扱基準は、危政令第24条から第27条までに規定されており、可燃性蒸気が滞留するおそれのある場所において火花を発する工具類の使用は禁じられている。本事例のように、これに違反して使用した場合は、法第10条第３項の取扱基準（危政令第24条第13号）違反を構成するものである。よって、金属ブラシを使用して作業をした従業員Ｂに対して措置を行った。

【違反点数の検討】

違反点数	基礎点数					事故点数		合計
	項	２項	19項	項	小計	災害	人身	
点数		4	4		8	4	10	22

※違反内容は２項の「貯蔵及び取扱いの基準違反」４点に該当する。
※違反内容は19項の「保安講習未受講」４点に該当する。
※取扱基準違反による火災が発生していることから、違反点数は、「事故の程度が中」４点に該当する。
※火災による火傷者（重傷）が発生していることから、「重傷（３週間の入院加療を必要とするもの以上のもの）」10点に該当する。
　（事故点数の決定については、p.17～19を参照）

> 行政対応等

1 関係者から供述の録取及び実況見分調書の作成
2 危険物取扱者Bに対して、「違反事項通知書」の交付
3 法人の代表者に対して、違反再発防止の「警告書」の交付及び「違反再発防止対策書」の徴収
4 違反点数が20点以上であることから、危険物取扱者免状交付知事による「聴聞」の実施
5 「聴聞」の結果、免状返納に該当すると判断した場合、「危険物取扱者免状返納命令」の発動

36 給油取扱所（セルフスタンド）における取扱いの基準違反

> 　顧客に自ら給油等をさせる給油取扱所（以下「セルフスタンド」という。）の所長である危険物保安監督者Ａは、無資格のアルバイト従業員Ｂと２人で営業していた。営業開始の午前７時から、Ａはセルフスタンドの事務室に設置している制御卓において、監視、制御及び顧客に対する指示を行っていたが、午前11時頃になると車が混んできたため、その場を離れ洗車などの作業を行っていたところ、消防署員の立入検査があり、制御卓による監視等を行わず、制御卓を自動化し、制御卓からの給油許可なしに顧客に自ら給油等をさせていたことが現認されたものである。
> 　なお、Ａから供述を録取して事実関係を確認すると、セルフスタンドのオープン当初は、３人体制で営業をしていたが、人件費が削減され２人体制になり、制御卓による監視が必要であることは認識していたが、洗車などが忙しくなり約半年前から同様の行為を行っていたことが判明した。

違反事項の分析

　セルフスタンドでは、制御卓において顧客自らによる給油作業又は容器への詰替え作業の監視等が行われていない場合は、危険物の取扱いの基準違反（法第10条第３項）を構成する。
　なお、違反調査を行った結果、所長兼危険物保安監督者Ａの判断で行われていたことが判明したため、Ａに対して措置を行った。

違反点数の検討

違反点数	基　礎　点　数					事故点数		合　計
	項	２項	項	項	小計	災　害	人　身	
点数		4			4			4

※違反内容は２項の「貯蔵及び取扱いの基準違反」４点に該当する。

【行政対応等】
1　関係者から供述の録取及び実況見分調書の作成
2　危険物保安監督者(危険物取扱者) Ａに対して、「違反事項通知書」の交付
3　法人に対して、違反再発防止の「警告書」の交付及び「違反再発防止対策書」の徴収

【留意事項】
1　セルフスタンドにおける危険物の取扱いの基準については、危政令第27条第6項第1号の3に規定されており、制御卓において顧客自らによる給油作業又は容器への詰替え作業(以下「顧客の給油作業等」という。)を監視し、及び制御し、並びに顧客に対し必要な指示を行うことについて、危規則第40条の3の10第3号で次のように定められている。
イ　顧客の給油作業等を直視等により適切に監視すること。
ロ　顧客の給油作業等が開始されるときには、火気のないことその他安全上支障のないことを確認した上で、第28条の2の5第6号ハ又は同条第7号イに規定する制御装置(以下「制御装置」という。)を用いてホース機器への危険物の供給を開始し、顧客の給油作業等が行える状態にすること。
ハ　顧客の給油作業等が終了したとき並びに顧客用固定給油設備及び顧客用固定注油設備のホース機器が使用されていないときには、制御装置を用いてホース機器への危険物の供給を停止し、顧客の給油作業等が行えない状態にすること。
2　制御卓による監視等は、法第13条第3項に規定する危険物取扱者の立会いとして実施するものであり、当該監視等を行う者は、甲種又は乙種の危険物取扱者であることが必要である。なお、同時に複数の従業者により監視等を行う場合には、そのうちの1名を危険物取扱者としその他の従業者は、当該危険物取扱者の立会いのもと監視等を行うこととして差し支えない。

37 廃止された移動タンク貯蔵所における無許可貯蔵違反

> Ａ株式会社の代表取締役Ｂ（危険物取扱者免状所持）は、砕石の生産販売を業とする会社を立ち上げ、現在は山頂にある砕石場において作業を行っている。この砕石場では、車両系建設機械等の重機が多く使用されており、車両へ燃料を給油するために、Ｂが許可を受け自家用給油取扱所を設置している。
>
> この砕石場から自家用給油取扱所まで約５キロメートルの距離があることから、移動に時間がかかり、また重機がキャタピラーのため自家用給油取扱所における給油が困難であった。このことからＢは３年前に廃止された移動タンク貯蔵所（以下「廃止タンク」という。）を購入し、従業員Ｃ（危険物取扱者免状所持）に指示し、自家用給油取扱所の固定給油設備を使用して廃止タンクへ注入させ、砕石場で重機へ給油させようと準備していた。このような状況において所轄消防署の立入検査が行われ、廃止タンク内に危険物第四類第２石油類（軽油）3,000リットルが貯蔵されている事実が判明した。
>
> なお、Ｂ及びＣは、廃止タンクにおける危険物の貯蔵及び取扱いについて、消防法令に違反になることは認識していた。

違反事項の分析

本事例は、以前は移動タンク貯蔵所として危険物の許可を受けていたが、購入時は既に廃止されていたことから、当該移動タンクにおける貯蔵については、危険物無許可貯蔵（法第10条第１項）を構成する。

今回、無許可貯蔵にかかわったのは、代表取締役Ｂ及び従業員Ｃであるが、廃止された移動タンクにおける危険物の貯蔵が危険物無許可貯蔵（法第10条第１項）になると認識しており共犯にあたるため、Ｂ及びＣに対して措置を行った。

違反点数の検討

1 代表取締役B

違反点数	基礎点数					事故点数		合計
	項	1項	項	項	小計	災害	人身	
	点数	6			6			6

※違反内容は1項の「無許可貯蔵（指定数量の2倍以上10倍未満）」6点に該当する。

2 従業員C

違反点数	基礎点数					事故点数		合計
	項	1項	項	項	小計	災害	人身	
	点数	6			6			6

※違反内容は1項の「無許可貯蔵（指定数量の2倍以上10倍未満）」6点に該当する。

行政対応等

1 関係者から供述の録取及び実況見分調書の作成
2 危険物取扱者B及びCに対して、「違反事項通知書」の交付
3 法人に対して、違反再発防止の「警告書」の交付及び「違反再発防止対策書」の徴収

留意事項

1 危険物であるか否か又は危険物の品名が明確でない場合、法第16条の5に基づき必要最小限度の量を収去し、判定試験により危険物の品名を特定する必要がある。

　特に、このような廃止された移動タンク貯蔵所内の危険物は、客観的に断定できる資料がない場合が多く、違反を特定するために早急に判定試験を行う必要がある。

2 今回の事例では、廃止された移動タンクにおける「無許可貯蔵」が認められたものであるが、「無許可取扱い」については、原則として同一場所において重機へ指定数量以上の給油が行われたことを、客観的に立証できるものでなければならない。

参考文献

1. 消防基本法制研究会編著
   「逐条解説　消防法　第五版」東京法令出版（株）
2. 消防基本法制研究会編著
   「消防法施行令解説」（株）近代消防社
3. 関東一著
   「七訂版　消防行政法要論」東京法令出版（株）
4. 新自治用語辞典編纂会編集
   「新自治用語辞典」（株）ぎょうせい
5. 危険物法令研究会編著
   「逐条解説　危険物政令」東京法令出版（株）

4訂版
～違反事例から学ぶ～危険物取扱者の免状返納命令に係る
法令の運用と適用

平成 4 年11月25日	初　版　発　行
平成13年 8 月20日	2 訂版　発　行
平成18年 6 月30日	3 訂版　発　行
平成28年 8 月15日	4 訂版　発　行
令和 6 年 4 月10日	4訂版 5 刷発行

編　著／査 察 行 政 研 究 会

発行者／星　　沢　　卓　　也

発行所／東京法令出版株式会社

112－0002	東京都文京区小石川 5 丁目17番 3 号	03 (5803) 3304
534－0024	大阪市都島区東野田町 1 丁目17番12号	06 (6355) 5226
062－0902	札幌市豊平区豊平 2 条 5 丁目 1 番27号	011 (822) 8811
980－0012	仙台市青葉区錦町 1 丁目 1 番10号	022 (216) 5871
460－0003	名古屋市中区錦 1 丁目 6 番34号	052 (218) 5552
730－0005	広島市中区西白島町11番 9 号	082 (212) 0888
810－0011	福岡市中央区高砂 2 丁目13番22号	092 (533) 1588
380－8688	長 野 市 南 千 歳 町 1005 番 地	

〔営業〕TEL 026 (224) 5411　FAX 026 (224) 5419
〔編集〕TEL 026 (224) 5412　FAX 026 (224) 5439
https://www.tokyo-horei.co.jp/

Ⓒ Printed in Japan,1992

本書の全部又は一部の複写、複製及び磁気又は光記録媒体への入力等は、著作権法上での例外を除き禁じられています。これらの許諾については、当社までご照会ください。

落丁本・乱丁本はお取替えいたします。

ISBN978-4-8090-2414-6